物化历史系列

简牍史话

A Brief History of
Bamboo and Wooden Slips of Ancient China

王子今　赵宠亮 / 著

社会科学文献出版社
SOCIAL SCIENCES ACADEMIC PRESS (CHINA)

图书在版编目（CIP）数据

简牍史话/王子今，赵宠亮著.—北京：社会科学文献出版社，2012.3（2014.8 重印）
（中国史话）
ISBN 978-7-5097-2678-5

Ⅰ.①简… Ⅱ.①王… ②赵… Ⅲ.①简（考古）-介绍-中国 Ⅳ.①K877.5

中国版本图书馆 CIP 数据核字（2011）第 175844 号

"十二五"国家重点出版规划项目

中国史话·物化历史系列

简牍史话

著　　者／王子今　赵宠亮
出 版 人／谢寿光
出 版 者／社会科学文献出版社
地　　址／北京市西城区北三环中路甲 29 号院 3 号楼华龙大厦
邮政编码／100029

责任部门／人文分社（010）59367215
电子信箱／renwen@ssap.cn
责任编辑／黄　丹　乔　鹏
责任校对／范　迎
责任印制／岳　阳
经　　销／社会科学文献出版社市场营销中心
　　　　　（010）59367081　59367089
读者服务／读者服务中心（010）59367028

印　　装／北京画中画印刷有限公司
开　　本／889mm×1194mm　1/32　印张／6.625
版　　次／2012 年 3 月第 1 版　字数／131 千字
印　　次／2014 年 8 月第 2 次印刷
书　　号／ISBN 978-7-5097-2678-5
定　　价／15.00 元

本书如有破损、缺页、装订错误，请与本社读者服务中心联系更换
▲ 版权所有　翻印必究

《中国史话》编辑委员会

主　　任　陈奎元

副 主 任　武　寅

委　　员　（以姓氏笔画为序）
　　　　　　卜宪群　王　巍　刘庆柱
　　　　　　步　平　张顺洪　张海鹏
　　　　　　陈祖武　陈高华　林甘泉
　　　　　　耿云志　廖学盛

总　序

　　中国是一个有着悠久文化历史的古老国度，从传说中的三皇五帝到中华人民共和国的建立，生活在这片土地上的人们从来都没有停止过探寻、创造的脚步。长沙马王堆出土的轻若烟雾、薄如蝉翼的素纱衣向世人昭示着古人在丝绸纺织、制作方面所达到的高度；敦煌莫高窟近五百个洞窟中的两千多尊彩塑雕像和大量的彩绘壁画又向世人显示了古人在雕塑和绘画方面所取得的成绩；还有青铜器、唐三彩、园林建筑、宫殿建筑，以及书法、诗歌、茶道、中医等物质与非物质文化遗产，它们无不向世人展示了中华五千年文化的灿烂与辉煌，展示了中国这一古老国度的魅力与绚烂。这是一份宝贵的遗产，值得我们每一位炎黄子孙珍视。

　　历史不会永远眷顾任何一个民族或一个国家，当世界进入近代之时，曾经一千多年雄踞世界发展高峰的古老中国，从巅峰跌落。1840年鸦片战争的炮声打破了清帝国"天朝上国"的迷梦，从此中国沦为被列强宰割的羔羊。一个个不平等条约的签订，不仅使中国大量的白银外流，更使中国的领土一步步被列强侵占，国库亏空，民不聊生。东方古国曾经拥有的辉煌，也随着西方列强坚船利炮的轰击而烟消云散，中国一步步堕入了半殖民地的深渊。不甘屈服的中国人民也由此开始了救国救民、富国图强的抗争之路。从洋务运动到维新变法，从太平天国到辛亥革命，从五四运动到中国共产党领导的新民主主义革命，中国人民屡败屡战，终于认识到了"只有社会主义才能救中国，只有社会主义才能发展中国"这一道理。中国共产党领导中国人民推倒三座大山，建立了新中国，从此饱受屈辱与蹂躏的中国人民站起来了。古老的中国焕发出新的生机与活力，摆脱了任人宰割与欺侮的历史，屹立于世界民族之林。每一位中华儿女应当了解中华民族数千年的文明史，也应当牢记鸦片战争以来一百多年民族屈辱的历史。

当我们步入全球化大潮的 21 世纪，信息技术革命迅猛发展，地区之间的交流壁垒被互联网之类的新兴交流工具所打破，世界的多元性展示在世人面前。世界上任何一个区域都不可避免地存在着两种以上文化的交汇与碰撞，但不可否认的是，近些年来，随着市场经济的大潮，西方文化扑面而来，有些人唯西方为时尚，把民族的传统丢在一边。大批年轻人甚至比西方人还热衷于圣诞节、情人节与洋快餐，对我国各民族的重大节日以及中国历史的基本知识却茫然无知，这是中华民族实现复兴大业中的重大忧患。

中国之所以为中国，中华民族之所以历数千年而不分离，根基就在于五千年来一脉相传的中华文明。如果丢弃了千百年来一脉相承的文化，任凭外来文化随意浸染，很难设想13亿中国人到哪里去寻找民族向心力和凝聚力。在推进社会主义现代化、实现民族复兴的伟大事业中，大力弘扬优秀的中华民族文化和民族精神，弘扬中华文化的爱国主义传统和民族自尊意识，在建设中国特色社会主义的进程中，构建具有中国特色的文化价值体系，光大中华民族的优秀传统文化是一件任重而道远的事业。

当前，我国进入了经济体制深刻变革、社会结构深刻变动、利益格局深刻调整、思想观念深刻变化的新的历史时期。面对新的历史任务和来自各方的新挑战，全党和全国人民都需要学习和把握社会主义核心价值体系，进一步形成全社会共同的理想信念和道德规范，打牢全党全国各族人民团结奋斗的思想道德基础，形成全民族奋发向上的精神力量，这是我们建设社会主义和谐社会的思想保证。中国社会科学院作为国家社会科学研究的机构，有责任为此作出贡献。我们在编写出版《中华文明史话》与《百年中国史话》的基础上，组织院内外各研究领域的专家，融合近年来的最新研究，编辑出版大型历史知识系列丛书——《中国史话》，其目的就在于为广大人民群众尤其是青少年提供一套较为完整、准确地介绍中国历史和传统文化的普及类系列丛书，从而使生活在信息时代的人们尤其是青少年能够了解自己祖先的历史，在东西南北文化的交流中由知己到知彼，善于取人之长补己之短,在中国与世界各国愈来愈深的文化交融中,保持自己的本色与特色,将中华民族自强不息、厚德载物的精神永远发扬下去。

《中国史话》系列丛书首批计200种,每种10万字左右,主要从政治、经济、文化、军事、哲学、艺术、科技、饮食、服饰、交通、建筑等各个方面介绍了从古至今数千年来中华文明发展和变迁的历史。这些历史不仅展现了中华五千年文化的辉煌,展现了先民的智慧与创造精神,而且展现了中国人民的不屈与抗争精神。我们衷心地希望这套普及历史知识的丛书对广大人民群众进一步了解中华民族的优秀文化传统,增强民族自尊心和自豪感发挥应有的作用,鼓舞广大人民群众特别是新一代的劳动者和建设者在建设中国特色社会主义的道路上不断阔步前进,为我们祖国美好的未来贡献更大的力量。

陈奎元

2011年4月

⊙王子今

作者小传

　　王子今，1950年12月生。1982年1月西北大学历史系考古专业毕业。1984年12月西北大学历史系中国古代史专业硕士研究生毕业，获历史学硕士学位。现任中国人民大学国学院教授，北京大学历史系兼职教授，中国秦汉史研究会会长。主要从事秦汉史研究，已出版《秦汉交通史稿》、《秦汉区域文化研究》、《秦汉社会史论考》、《秦汉时期生态环境研究》等学术专著30余种，发表学术论文500余篇、其他学术文章250余篇。

⊙赵宠亮

作者小传

赵宠亮，1982年7月生，河北省永年县人。2005年6月河北师范大学历史文化学院毕业，获历史学学士学位。2008年7月北京师范大学历史学院毕业，获历史学硕士学位。2011年7月中国人民大学国学院毕业，获历史学博士学位。现任四川省文物考古研究院《四川文物》编辑，研究方向为秦汉史与秦汉考古。发表学术论文10余篇。

目　录

引　言 …………………………………… 1

一　简牍和简牍学 ……………………… 3
　　1. 文明创造的历史记录 ……………… 3
　　2. 丰厚的文化遗产 …………………… 6

二　中国文书史的简牍时代 …………… 13
　　1. 简牍的最初应用 …………………… 13
　　2. 战国秦汉时期的简牍 ……………… 18
　　3. 纸的普及和简牍的隐退 …………… 26
　　4. 晚世简牍的孑遗 …………………… 31

三　简牍的形制 ………………………… 35
　　1. 简牍取材 …………………………… 36
　　2. 简牍加工 …………………………… 40
　　3. 简牍编联 …………………………… 44
　　4. 简牍规格 …………………………… 48
　　5. 简牍缮写 …………………………… 58
　　6. 简牍削改 …………………………… 63

7. 简牍题署 …… 67
8. 简牍符号 …… 71
9. 简牍的特殊形式 …… 75

四 简牍的文化内涵 …… 81
1. 官文书简牍：政治史的写真 …… 81
2. 民间简牍书信：社会生活的生动画卷 …… 88
3. 简牍经济史料 …… 91
4. 简牍社会史料 …… 98
5. 简牍军事史料 …… 102

五 历代简牍发现 …… 109
1. 从伏壁藏经到汲冢遗书 …… 109
2. 古代纸文书时期的简牍出土 …… 115
3. 流沙坠简：19世纪末到20世纪初的伟大发现 …… 119
4. 西北科学考察的工作收获 …… 121
5. 1949年以后的简牍发现 …… 124

六 简牍研究的历史进步 …… 162
1. 古人对前代简牍的认识与早期简牍研究 …… 162
2. 简牍发现与20世纪历史学的进步 …… 168
3. 简牍的科学整理与科学研究 …… 174
4. 海外简牍学 …… 180

后 记 …… 185

参考书目 …… 189

引 言

在中华文明史的发展过程中，有一种特殊的书写材料曾经作为重要的古代文化载体。

这种特殊的文化载体，就是简牍。

所谓"简牍"，起初是竹简和木牍的合称。

竹简，是将竹子剖截成规则的片状而制作的书写材料。东汉学者许慎在《说文解字·竹部》中说："简，牒也。从竹，间声。"同书《片部》中又说："牒，札也。"同书《木部》中则又说："札，牒也。"可见，当时已经普遍应用分别以竹质材料和木质材料制作的"简"了。

木牍，是将木材剖截成规则的片状而制作的书写材料。《说文解字·片部》中说："牍，书版也。"又说："版，片也。"《说文解字》对"片"的解释则是"判木"，也就是指把木头剖破成片状。《说文解字·木部》又说到了"椠"的意义："椠，牍朴也。"有一种解释说，"椠"是粗制的牍，另有一种解释则说，"椠"是未经书写的牍。

在纸作为主要书写材料得以全面普及之前，简牍即是中华民族记录古代文化的基本载体。

当纸在民间广泛普及之后，当时有些地区、有些部族仍然使用着简牍书写文字。

简牍作为一种质朴平易的文化存在形式，记载着当时许许多多生动的历史故事。

在中国文明史的简牍时代，帝王的尊贵、智者的深思、军人的勇武、民众的苦难，都一笔一画，真切具体地记载在这朴素无奇的竹条和木片上。

也就是说，当时所有的文明创造和所有的文明积累，大都曾经由简牍所记录、所承载、所反映。

由于简牍资料真实、可靠地反映着当时具体的政治制度、经济形式、社会现象及民众生活，故历代文化界对古代简牍倍加重视。近世大批简牍资料的发现，特别是以现代科学考古发掘方法所得到的大量简牍，为简牍的研究提供了更为便利的条件。简牍学的兴起和成熟，使得人们进一步认识当时的政治形式、军事制度、经济条件、社会构成、生活实况、文化形态乃至时代的精神风貌成为可能。

简牍学进步的历史，恰恰反映着深入认识古代社会及古代文化这一发展过程。

一　简牍和简牍学

简牍的应用，形成了中华文明史上引人注目的文化现象。

简牍的文化内涵，正是中华民族世世代代不断创造、不断丰富的文化宝库中不可忽视的重要的构成部分。

历代学者对于简牍文化内涵的研究，促进了"简牍学"这门学科的形成和进步。

文明创造的历史记录

我们目前可以看到的简牍，已经包容有十分丰富的内容。而其中最为研究者所珍视的，是对于当时历史的真实记录。

中国历史典籍数量之浩繁、部类之完整、内容之广博与记载之详尽，与世界上其他文化系统相比较，居于首屈一指的地位。尽管如此，却仍然有许许多多的历史现象不能在传世文献中得到反映。

史籍历来被历史学者视为发掘基本史料的富矿，

但是由于史书作者不能避免当时自身历史观的局限，获取资料条件的局限，以及写作能力的局限，所以其中所描述的历史，往往只是局部的记录，而且其中有些内容的真实性与可靠性的程度，有时也不能得到保证。传统史家每每忽略一些看来比较琐细、具体然而却十分重要的资料，也是人们所熟知的。

由于历代正史大都并非原始历史记录，且多由后世史家纂修，其删用取舍，不能不影响到其内容与历史真实的距离。此外，史籍历经辗转传抄和多次翻刻，衍夺讹误也往往难以避免。

传世史籍文献的这些缺憾，常常可以通过简牍资料的研究得以补足。

例如，晋武帝太康二年（281年），汲郡人不准盗掘战国时魏王墓，从中得到有文字的简牍数十车。这是中国文化史上的一次重大发现。汲冢遗书中有一种被称为《竹书纪年》，历代又有散失，清代学者曾经进行辑校，形成较多保持汲冢简牍本《竹书纪年》原貌的《古本竹书纪年》。这部书的史料价值相当高。郭沫若在《两周金文辞大系》一书中曾经指出，《史记·田敬仲完世家》和《六国年表》都记载齐桓公田午在位六年，《竹书纪年》则记载为十八年，而青铜器《陈侯午敦》铭文记有齐桓公十四年事，"足证《纪年》为是，而《史记》为非"。简牍资料的内容，纠正了司马迁《史记》记载的错误。

《史记·韩世家》、《白起列传》及《六国年表》都记载，秦昭王三十四年（公元前273年），白起攻魏

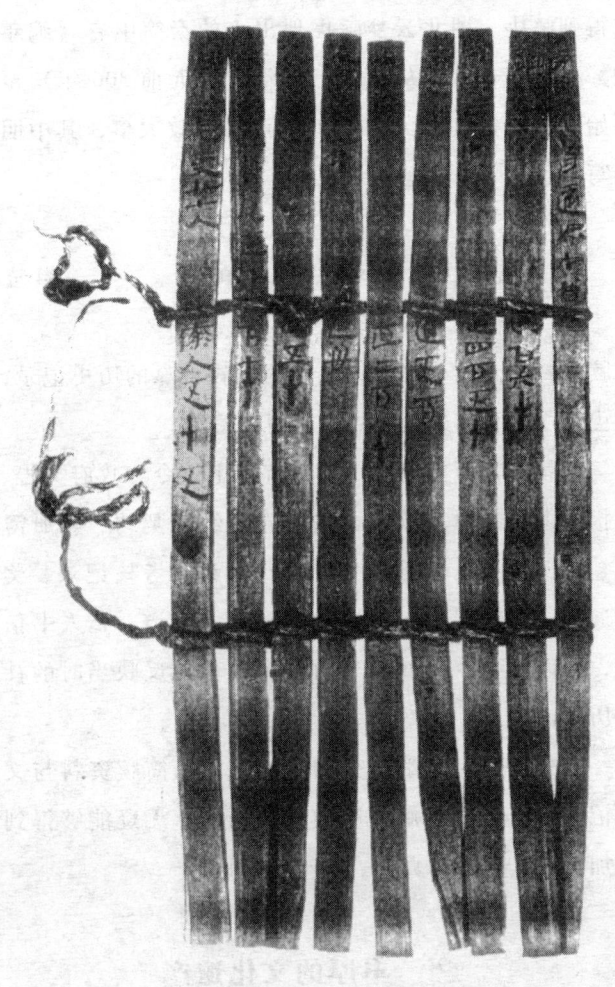

图 1　居延出土的简册

华阳军,斩首三十万。然而《史记·秦本纪》和《赵世家》却记载这起战事发生在秦昭王三十三年(公元前274年),前后相差一年。清代学者梁玉绳曾经在《史记志疑》一书中,推断白起攻华阳应当在秦昭王三十四年,而并非三十三年,不过因为没有确证,疑难未得到解决。湖北云梦睡虎地出土的秦简中有《编年记》一书，记载了从秦昭王元年（公元前306年）至秦始皇三十年（公元前217年）的军政大事，其中明确写道：

  （秦昭王）卅四年，攻华阳。　　34壹

简牍资料作为出于当时人之手的比较可靠的历史记录，使史书中千百年来的疑点终于得以澄清。

简牍作为历史资料，其中有帝王诏令、政府文告、军报檄书、法律条款、司法案卷、经济契约、账册簿记、医药处方、名籍档案、通行凭证、考核记录、奖惩通知、财物清单、军械登记、日书历谱、私人书信等，可以从各个侧面各个角度多方位地反映当时的社会历史面貌。

充分利用简牍学研究的新成果，以简牍资料与文献记载相结合来了解文明演进的历史，无疑能够得到更加全面、具体、真切、生动的认识。

2 丰厚的文化遗产

中国文化典籍历来以丰富繁多著称于世。中国的古书，历史上也曾经历过多次浩劫，使原有的数量大为减少。最为著名的例子，就是秦始皇时代的"焚书"运动。

《史记·秦始皇本纪》记载，秦始皇三十三年（公元前214年),因为有持不同政见的儒生非议朝政,于是命令史官将非秦国原有史书的所有历史记载全数烧掉;除了博士官所掌管的国家藏书之外,天下有敢私藏《诗经》、《尚书》、"百家语"等经典的,都必须前往军政长官那里,在官府监督下烧掉;有敢私下议论《诗》、《书》的,要处以"弃市"之刑;以古非今的则要诛灭全族;官吏知道有违反上述法令却不举报的,与其人同罪;法令颁布后三十天仍然不按规定焚烧上述书籍的,要受黥刑,服四年劳役;规定可以不烧毁的,只有"医药、卜筮、种树之书"。记录先秦贤哲人生智慧与文化创造的大批古籍经秦火之后,损失非常严重。一直到西汉前期,儒家学术源流几乎完全断绝。

西汉时期有一次非常著名的发现,使当时的人们看到了秦始皇焚书之前宝贵的文化遗存。这就是所谓"孔壁中经"的发现。及至西晋,又有著名的汲冢遗书的发现。

简牍图书这两次比较集中的发现,大大充实了我们民族文化的宝库。

这种简牍图书大大增进人们对于古代典籍的认识的情形,历史上曾经发生过许多次。

李学勤先生在研究考古新发现的古代书籍时,与现存的古书相互对比,指出在古书的产生和流传过程中,有下列十种情况值得注意:第一,佚失无存;第二,名亡实存;第三,为今本一部;第四,后人增广;第五,后人修改;第六,经过重编;第七,合编成卷;第八,篇章单行;第九,异本并存;第十,改换文字。

第一种情况所谓"佚失无存",是说地下发现的简牍本古书,不少是未见于现存著录的久已亡佚的古籍。例如1983~1984年发现的湖北江陵张家山汉简中,有一种题为《算数书》的数学典籍,其写成年代早于今本《九章算术》,可以说是中国数学史上的惊人发现。这部书并未见于班固所著汉代官家所藏图书分类目录《汉书·艺文志》以及其他著录。另外还有一些简牍本图书,虽然曾经见于著录,但是在历史的长河中久已湮灭无存。例如山东临沂银雀山竹简中的《孙膑兵法》,应当就是《汉书·艺文志》中记载的《齐孙子》,可是这部书估计在东汉时就已经散佚了。大家都知道,《汉书·艺文志》所著录的书籍我们今天所能看到的并不很多,而《汉书·艺文志》未曾著录的古书还不知道有多少种。也就是说,今后的简牍发现和简牍研究可以为我们开拓认识中国古代文明的前景,无疑是非常广阔的。

第二种情况所谓"名亡实存",是说有的简牍本古籍虽然似乎前所未见,然而实际上其内容仍保留在后世的书中。李学勤先生举出了长沙马王堆汉墓出土帛书中的实例。其实,简牍本古籍中也有类似的例子。如河北定县八角廊40号汉墓出土竹简有《哀公问五义》,其内容又分别见于《荀子》、《大戴礼记》和《孔子家语》。《汉书·艺文志》所谓"凡《论语》十二家,一百二十九篇"中,有"《孔子三朝》七篇",颜师古注:"今《大戴礼》有其一篇,盖孔子对〔鲁〕哀公语也。三朝见公,故曰'三朝'。"我们所看到的所谓《哀公问五义》，或许就与班固著录《孔子三朝》有关。

第三种情况所谓"为今本一部"，是说考古发现的古书是今本的一部分。如马王堆帛书《战国纵横家书》，属于《战国策》，"只能算今本的一部分"。这种情形也多见于简牍的发现。

第四种情况所谓"后人增广"，是说通过简牍资料可以发现，古书开始出现时，内容较少，传世既久，为世人爱读，学者加以增补，于是内容加多，与起初大有不同。例如安徽阜阳双古堆和河北定县八角廊都曾经出土过一种汉代竹简古籍，其内容大多记述孔子及其弟子言行。查《汉书·艺文志》，记述孔门事迹的书有《论语》、《孔子家语》等，这种汉简古籍的体裁与今本《孔子家语》一致。今本《孔子家语》久为人所怀疑，指为王肃伪作。从双古堆和八角廊出土汉简古籍的内容看，《孔子家语》还是有渊源的，只是多经增广补辑而已。陈士珂辑《孔子家语疏证》陈诗序所说今本《孔子家语》传流经过，可能是接近历史事实的。《汉书·艺文志》著录"《孔子家语》二十七卷"，颜师古注："非今所有《家语》。"看来这位唐代学者已经注意到了古书多有"后人增广"的文化现象。许多简牍资料的发现，可以作为这一观点的佐证。

第五种情况所谓"后人修改"，是说古书的流传往往多由师生代代口传，有时未能见诸文字，因而弟子常常根据个人的理解，加以若干修改，这种情形，似乎不能简单地斥为作伪。例如，江陵张家山汉简有

《脉书》，经研究，正是今传《内经·灵枢》书中《经脉》篇的祖本，有许多文句是相同或类似的。不过，《经脉》的内容又比《脉书》要丰富得多，即以最中心的脉数而言，《脉书》是十一脉，《经脉》则增加到十二脉。这绝不仅仅是文字内容的增多，而且是在观点上表现出了根本性的变化。但是，虽然有这样的重大改动，仍然不能否认《脉书》是后来《经脉》的滥觞。

第六种情况所谓"经过重编"，李学勤先生以马王堆帛书《周易》为例。其实简牍资料中也可以看到有关例证。

第七种情况所谓"合编成卷"，如马王堆帛书《老子》乙本，以《老子》两篇同其他四篇内容思想倾向不同的文字编为一卷。这种情形，我们在研究简牍文书时也应当注意。

第八种情况所谓"篇章单行"，是说古人抄书很不容易，因而大部头的有时只能以部分篇章单行，在社会普及。清人刘宝楠所著《愈愚录》对此曾经有专门论述，举了不少实例，其中就有《保傅传》。《保傅》是贾谊《新书》中的一篇，又收入《大戴礼记》。现在在定县八角廊汉墓出土竹简中，果然发现有单行的《保傅》。由此可知新出简牍文献中有些单篇，不一定意味着当时还没有全书，只不过藏有简牍的墓主人仅有此篇就是了。

第九种情况所谓"异本并存"，是说古时常有同一文献并见于不同本子的情形。例如江陵张家山汉简的

《脉书》，又见于马王堆汉墓出土帛书，其中发表时题为《阴阳十一脉灸经》的部分，又抄在帛书《导引图》上。而马王堆汉墓帛书该卷，在《脉书》前又有现题《足臂十一脉灸经》的一篇，也有论"十一脉"，而又有所不同。同样是《灵枢·经脉》的渊源，同见于一卷帛书上面，显然是不同本子的并存。异本并存的例证，在将来的简牍新发现中还会见到，我们不能看见新发现的本子就简单地摒弃传本。

第十种情况所谓"改换文字"，是说古人流传书籍是为了实用，并不是专为保存古本，因而有时看到古书原有文字艰深费解，为通行实用的方便，就往往用易懂的同音字取代难字。司马迁《史记》引用《尚书》就采用过这样的办法。山东临沂银雀山汉简《尉缭子》的发现，起初看来与今本不同，颇多艰奥文句，仔细考察，也是经过类似改动，以致面目全非。这可能是由于《尉缭子》是兵书，文字浅显更易于武人学习理解的缘故（参看李学勤《对古书的反思》，《简帛佚籍与学术史》，时报文化出版企业有限公司1994年12月版）。

我们在利用简牍资料研究古代书籍的内容和意义时，一定要注意到李学勤先生指出的这几种情况。

简牍本古书中所提供的丰富的文化信息，除了可以极大地充实中国文化遗产的宝库而外，又可以使我们能够以更开阔的眼界纵览中国数千年文化史的全貌，也有利于我们站在把握可靠资料的基点上考察和研究中国文化历史演变的规律。

对于中国文明史中许多方面、许多内容的"辨伪"与"存真"的工作,如果有简牍学研究不断提出的新成果作为条件,都可望取得新的进展。

简牍资料作为可珍贵的文化遗产的重要意义,已经为越来越多的关心和热爱中国文化的人们所认识。

二　中国文书史的简牍时代

简牍的应用和普及，是中国文明进程中的一种特殊现象。

简牍，曾经是中国文明史上一个特殊阶段的最基本的文化载体。

考察这段历史的前后始末，对于全面认识中国文明的特质，显然是一项有意义的工作。

1　简牍的最初应用

关于简牍开始作为书写材料的年代，研究者的认识并不完全一致，大致有如下几种说法。

其一，林剑鸣编译《简牍概述》（陕西人民出版社1984年9月版）一书中指出："简牍的使用，最早可能在殷商时代。"

其二，高敏在《简牍研究入门》（广西人民出版社1989年10月版）一书中则写道："简牍的书写，应以墨的使用、漆的生产和笔的发明为前提条件。换言之，它是同一定的社会生产的发展水平相联系的。故简牍之成为书写材料,也不可能过于古老。从文献中最早有竹简出现者,约在春秋战国之际","从迄今为止已经出土的地下简牍来看,最早的要算战国时期的简牍,数量并不很多;大量出土的,是秦汉时期的简牍"。

其三,郑有国编著《中国简牍学综论》(华东师范大学出版社 1989 年 9 月版)一书·又提出了这样的认识:"我国使用简牍究竟始于何时呢?根据地下出土的简牍,最早是在公元前五世纪后半叶,即战国早期。但从文献记载和甲骨文字分析,至少在殷商时,我国就使用简牍作为书写材料。《尚书·多士篇》称'唯殷先人有册有典'。"而甲骨文、金文的"册"字像把若干条竹木简用两道绳子编成一册书的样子。金文的"典",则像把"册书"放在台几上。"殷商时代的典册是否用竹木质的简牍呢?至今尚无实物出土,但殷商时的玉册倒发现不少。根据出土的这些殷商玉册,是否可以作这样的分析,殷商时的'典册'使用的还是比较贵重的玉质典册,因此使用不普遍。随着文字的普遍推广,这种珍贵的玉质典册,才被各地习见的竹木条取代。"

其实,甲骨文中所见的"册"字,像一支支简相并联的竖笔,长短参差不一,正体现了以竹木简编组成册的形式。从文明演化的一般进程看,大约也应当是采用"各地习见的竹木条"在先,而使用"珍贵的玉质典册"在后。故简牍的最初使用,很可能更早于殷商时代。

"简牍的书写"必然要以"漆的生产""为前提条件"的说法,是可以讨论的。这种说法可能源起于古代"漆书"之说,例如《东观汉记·杜林传》中所谓"于河西得漆书《古文尚书经》一卷"。马衡先生曾经在《凡将斋金石丛稿》卷七《书籍制度》中写道:"至写字所用之材,最初以漆书,其后利用石墨。因为照进化程序而言,应先用天然材料,而后有比较进步之人工制造材料。漆为木汁,无待于发明,文字最初用漆书,应为合理之事实。漆之燥湿不易调节,故又改用石墨,亦即石炭,俗谓之煤。顾微《广州记》曰:'怀化郡掘堑得石墨甚多,精好可写书。'戴延之《西征记》:'石墨山北五十里,山多墨,可以书。'是皆天然之墨,今称燃料曰煤,盖即墨字也。又其后以松烧烟,加胶制墨,则出自人工制造矣。但《后汉书·杜林传》所载'漆书古文《尚书》一卷',及《后汉书·儒林传》所言'贿改兰台漆书经字',恐已非真漆书。盖后汉时人造书墨已盛行,不应尚用漆书,或此为相传古本,非汉时所书也。"东汉"漆书"所谓"为相传古本,非汉时所书"的推测看来没有什么具体的根据。虽然"漆为木汁,无待于发明",但是既然有"天然之墨",即不必用墨书在用漆书之后。陈梦家先生《汉简缀述》一书《由实物所见汉代简册制度》文中说到《后汉书·杜林传》及《儒林传》两例,指出:"凡此漆书,恐怕仍然是墨书。"事实可能正如李学勤先生所说,"古人有'漆书'之说,前人已指出'漆'是指墨色黑而有光,并不是用漆写字"。

唐人张彦远《历代名画记·叙画之兴废》写道:"宜抱漆书而兴叹",王维《谢集贤学士表》也说:

"遍次漆简,刊定石经。"又如明人胡应麟《少室山房笔丛·经籍会通四》:"三代漆文竹简,冗重艰难。"这里所说的"漆书"、"漆简"、"漆文竹简",实际上可能都是指用黑亮的墨所书写的文书。

有的学者对"漆书"的性质持另一种态度,例如陈直先生《六十年来我国发现竹木简概述》一文写道:"至于文献记载,竹简多有称漆书者,细看出土不同时代之各竹木简,皆用墨书,不见有漆书者。但不能因其未见漆书的即断定无漆书,这一点尚有待于将来地下材料之发掘。"

但历史上即使确实存在"漆书",断定这种书写形式必然早于墨书的说法,恐怕也是缺乏说服力的。

清代末年出土于河南安阳殷墟遗址的甲骨,大多流散海外。有的外国学者看到用朱墨书写的甲骨文字,不相信当时的中国人已经使用朱和墨,曾经怀疑是用奴隶的鲜血书写的。然而经过对颜料的微量化学分析,结果证明,在甲骨上书写的文字,红色使用的是朱砂,黑色的则是碳素单质,也就是现在制作墨的原料。可见,殷商时代,具有文化优势的巫卜在文字书写工作中,已经使用朱砂和墨了。朱砂更为贵重,又富有某种神秘的意义,因而墨的应用,相对来说一定较为普遍。

《礼记·玉藻》说:"卜人定龟,史定墨。"《周礼·春官·占人》也说:"扬火以作龟,致其墨。""史占墨,卜人占坼。"也都体现墨久已应用于占卜。

作为书写工具的笔的使用,可能更早于墨。

在青海乐都柳湾新石器时代遗址发现了甘肃仰韶文化马厂类型陶器符号，是用毛笔一类工具绘写在一种彩陶壶上的。1959年，在山东宁阳堡头出土的一件陶背壶，上面也有用毛笔一类工具绘写的红色符号。

在书写、绘写的形式出现之前，文字或其他符号的记录，可能更多地采取刻写的形式。《周易·系辞下》说："上古结绳而治，后世圣人易之以书契，百官以治，万民以察。"许慎《说文解字序》关于早期文字和早期文书的出现，也说："初造书契，百工以乂，万品以察。"而"契"，正是用以刻写的刀具。康有为在《广艺舟双楫·说分》中说到"商周用刀简，故籀法多尖"，虽然"商周"的具体书写形式未必如此，然而文书史上曾经历过一个"用刀简"的时代的判断，应当说是可以成立的。

从民族学的资料看，许多民族在文明进程的初期，确实经历了刻木记事的历史阶段。明景泰《云南图经志书·马龙州》中记述，当地居住的"罗罗"族不识文字，凡有交易、借贷等交往关系，"辄以片木刻其物品、日期、多寡之数于上，析而分之，彼此各藏其半，以取信"。记述者以为，这种习惯"亦上古之遗风"。清人刘献廷《广阳杂记》卷一也写道：滇南倮倮俗无文书，官府征收赋税，一般刻木为符，以刻线长短标志数额，然后中分为二，官府持其中一半，届期凭此征收，往往"符合不少迟欠"。云南察瓦龙土司曾经使用"木刻"形式向独龙人传达命令，由头人逐村转送，内容大多为调发劳役、征收税金等。这种木刻有时还附有箭、鸡毛、辣椒、木炭等物件，以示紧急。独龙人自己相约于异地会面时，也往往刻木为信。独龙族在通知集会及进行军事动员时，也曾经使用"木刻"。

由此可以推想，大致在最早的析木工具发明之后，人们出于生产需求和文化需求，已经开始在木片和树皮上涂抹和刻画某种记号，于是，形式最为原始的简牍在中国文明史的初期就已经出现了。

简牍作为文字书写材料，其应用年代的下限，在有些少数民族地区可以延迟至唐宋时代甚至更晚。

当然，目前我们所看到的出土数量最为集中，文化内涵最为丰富的简牍，仍然以战国时期至汉晋时期的文书为主。

战国秦汉时期的简牍

战国秦汉时期是中国历史上思想文化比较活跃的时期。这一时期的中国人向人类文化宝库所贡献的精神财富，其数量和质量，都具有十分突出的历史价值。

战国秦汉时期的文化成就，大都由"竹帛"也就是竹简和帛书予以记录。

《墨子·明鬼》写道："古者圣王必以鬼神为其务，鬼神厚矣，又恐后世子孙不能知也，故书之竹帛传遗后世子孙。"说以鬼神崇拜为基本形式的早期文明的开端，当时的"圣王"就以"书之竹帛"为形式，开始从事文化传承的事业。《墨子·天志中》也说，"三代圣王尧舜禹汤文武"顺天德而行仁义，并且"书于竹帛","传遗后世子孙"。又如《韩非子·安危》："先王寄理于竹帛，其道顺，故后世服。"也说到从文明初期起，"竹帛"就成为"寄理"，也就是载纪社会秩序准则和社会道德规范的主要条件。

一直到秦汉时代，"竹帛"都被作为总体文化记录的代称。《史记·孝文本纪》记述汉景帝的话：

> 祖宗之功德著于竹帛，施于万世，永永无穷。

臣下议皇帝诏令，也有"请著之竹帛，宣布天下"的建议。《史记·滑稽列传》褚先生补述也说到博士诸先生对东方朔的批评："今子大夫修先生之术，慕圣人之义，讽诵《诗》、《书》百家之言，不可胜数。著于竹帛，自以为海内无双，即可谓博闻辩智矣。"《汉书·苏武传》记载，苏武即将平安归汉，李陵置酒相贺，说道：

> 今足下还归，扬名于匈奴，功显于汉室，虽古竹帛所载，丹青所画，何以过子卿！

姓名事迹载于"竹帛"，是当时人十分看重的事。《隶释》卷六《北海相景君铭》也写道：

> 上世群后莫不流光□于无穷，垂芬耀于书篇，身殁而行明，体亡而名存，或著形像于列图，或系颂□于管弦，后来咏其烈，竹帛叙其勋。

曹植《求自试表》也说到对"功名著于景钟,名称垂于竹帛"的"古忠臣义士"的景仰和怀念。

"竹帛"又写作"竹素"。"素"和"帛"同样,都是指可以用来书写文字的白绢。

《文选》张协《杂诗》之九:"游思竹素园,寄辞翰墨林。"李善在注释时写道:

> 《风俗通》曰:刘向为孝成皇帝典校书籍,皆先书竹,为易刊定,可缮写者以上素也。今东观书竹素也。

说刘向校书时,稿本写在竹简上,定本写在素帛上。前者是为了便于修改。皇家典籍因此称为"竹素"。张铣在《文选》注释中也说道:"'竹素',皆乃古人所用书之者,言游思典籍也。"

"帛"和"素"一类白绢,显然用以作为书写材料的情形并不如竹简普遍。

《后汉书·儒林列传》说,董卓强制汉王朝由洛阳迁都长安时,皇家秘藏档案图书受到严重破坏,用缣帛书写的图书,大的被连缀成车辆的帷盖,小的被裁制成行旅的"縢囊"。似乎可以说明官藏书籍大多用"帛"和"素"等丝织品书写,但是《后汉书》原文是这样记述的:"初,光武迁还洛阳,其经牒秘书载之二千余两,自此之后,参倍于前。及董卓移都之际,吏民扰乱,自辟雍、东观、兰台、石室、宣明、鸿都诸藏典策文章,竞共剖散,其缣帛图书,大则连为帷盖，小乃制为滕囊。"看来，所谓"连为帷盖"，"制为滕囊"者，只是指对"缣帛图书"的破坏，至于"牒"、"策"一类简牍书籍，也是皇家"秘书"中重要的组成部分。

《汉书·艺文志》共著录当时公家秘府所藏38种图书，计597家，其中有的以"篇"计，有的以"卷"计，以"篇"计的大约占72%。实际计有8842篇，4340卷，篇数超过篇卷合计数的67%。大致被归入"六艺"、"诸子"、"诗赋"以及"兵书"类的多以"篇"计，而被归入"数术"以及"方技"类者多以"卷"计。按照一般的理解，帛书以"卷"计，简册以"篇"计。以"篇"计者居于绝对多数，说明皇家收藏图书也以简牍本为主。

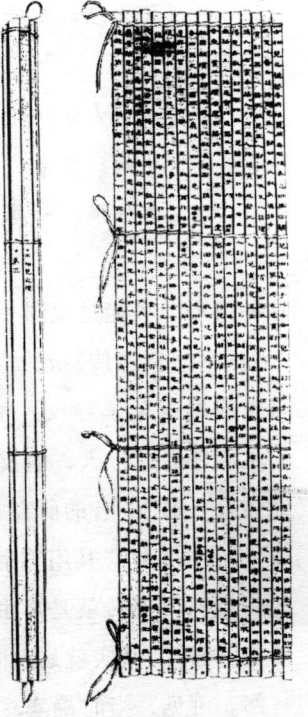

图2 武威磨嘴子汉墓出土的《仪礼·士相见礼》简册

我们又可以看到，有的著作又各有分别以"篇"、"卷"计的情形，例如：

《尚书古文经》四十六卷。为五十七篇。

《礼古经》五十六卷，《经》（七十）〔十七〕篇。

《春秋古经》十二篇，《经》十一卷。

《尔雅》三卷，二十篇。

《小尔雅》一篇，《古今字》一卷。

这种情形，可能是说同一书兼有帛书和简册两种本子。《后汉书·贾逵传》说，汉章帝珍重贾逵的学问，让他自选修习《公羊春秋》的著名学者严彭祖、颜安乐的学生高才者二十人，教授其《左氏春秋》授予"简纸经传各一通"。有的研究者根据《后汉书·宦者列传·蔡伦》中所谓"其用缣帛者谓之为纸"，认为这里所说的"纸"写经传就是帛书本经传，于是所谓"简纸经传各一通"，其实就是说同一经传的简册本和帛书本各一部。可见，当时确实多有同一书兼有帛书和简册两种本子的情形。事实上《汉书·艺文志》以"卷"计的图书，仍然有以"篇"计的简牍本通行。

《汉书·艺文志》中"兵书"一类又有正文用竹简书写而附图用帛书描绘的情形，例如：

《吴孙子兵法》八十二篇。图九卷。

《齐孙子》八十九篇。图四卷。

《楚兵法》七篇。图四卷。

《孙轸》五篇。图二卷。

《王孙》十六篇。图五卷。

《魏公子》二十一篇。图十卷。

《黄帝》十六篇。图三卷。

《风后》十三篇。图二卷。

《鹖冶子》一篇。图一卷。

《鬼容区》三篇。图一卷。

《别成子望军气》六篇。图三卷。

《鲍子兵法》十篇。图一卷。

《五子胥》十篇。图一卷。

《苗子》五篇。图一卷。

兵书图文对照，可以更准确地理解和运用。正文书于简册，而附图绘于帛书，体现当时两种书写形式并用的情形。以帛书绘制附图，可以容纳较宽大的幅面，而且帛书质地轻柔，折卷收藏、行军携带和展舒阅览也都比较方便。然而正文仍多用简册书写，说明简牍作为书写材料应用更为普遍。

马衡先生指出："《汉书·艺文志》撰录群书，或以篇计，或以卷计。以篇计者为竹木，以卷计者为缣帛。卷之数不如篇多，又可见西汉时代缣帛虽已流行，而其用尚不如竹木之广。"陈梦家先生《汉简缀述》一书中《由实物所见汉代简册制度》提出"以篇计者为竹木，以卷计者为缣帛"的说法是可商榷的。例如《后汉书·杜林传》"漆书古文《尚书》一卷"，既是简册而又称"卷"。又如《史记·司马相如列传》说，司马相如去世，天子使者前往取所著书，其妻说道："长卿未死时，为一卷书，曰有使者来求书，奏之。无他书。""其遗札书信封禅事。"也是简册称"卷"的

图3 汉代画像所见持牍文吏

实例。出土汉简也有称"卷"的例子。例如居延汉简8.1和46.17是两册簿书的署检,称"吏病及视事书卷",可证簿札之成编者可以称为"卷"。又如居延汉简208.5在署检上端写一"卷"字,这已成为后世档案卷宗的滥觞。按照这一认识推断,《汉书·艺文志》中"以卷计者",可能其中也有相当一部分也是简册,而并非缣帛。那么其中简册本图书所占的比例,还会大大超出我们前面所作的估算。事实显然可以更充分地证明"西汉时代缣帛虽已流行,而其用尚不如竹木之广"。缣帛的价格是相当昂贵的,皇家图书档案中收藏的书籍尚且以简册为主,民间流行的书籍当然以简册本更为普及。

汉代上层社会仍然通行简册本书籍的实例,也可以举出许多。如《后汉书·酷吏列传·阳球》记载,阳球任尚书令时,曾经奏罢鸿都文学,谴责乐松等人附依世戚权豪的势力,逸言媚上,钻营至于最高权力集团,"或献赋一篇,或鸟篆盈简",就得到高位,"亦有笔不点牍,辞不辩心,假手请字,妖伪百品"而得到宠信的情形。这里所说的"献赋一篇","鸟篆盈简","笔不点牍",都体现简牍文书的通行。《史记·司马相如列传》说,司马相如请为汉武帝游猎赋,"上许,令尚书给笔札"。《后汉书·贾逵传》中关于"帝敕兰台给笔札,使作《神雀颂》"以及《后汉书·荀悦传》中关于汉献帝令荀悦"为《汉纪》三十篇,诏尚书给笔札"等记载,也都说明当时宫廷文化生活中的文史著述,仍然以使用"笔札",也就是应用简牍形式最为普遍。

王充在《论衡·问孔》中写道:"言出于口,文立于策,俱发于心,其实一也。"看来"文立于策",也就是用简策书写文字,是当时文化创造活动的基本形式。《汉书·龚胜传》记载,汉昭帝就曾经赐龚胜"策书"遣归。《后汉书·光武帝纪下》说,吴汉从蜀地回归长安,朝廷"大飨将士,班劳策勋"。李贤解释说:"其有功者,以策书纪其勋也。"天子设问试士,叫做"策问"。臣民应试回签,叫

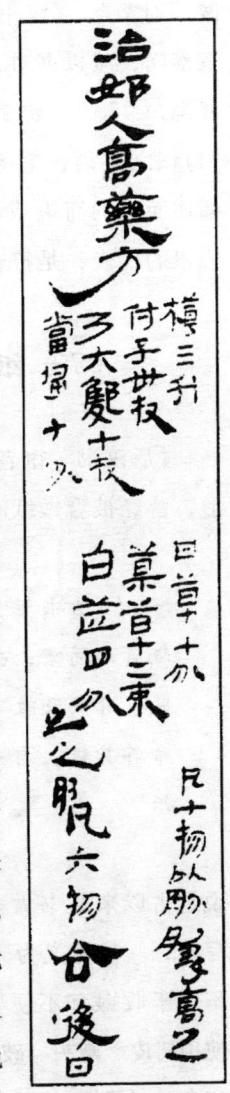

图4 武威汉墓出土写有"治妇人膏药方"的木牍

做"对策"。《汉书·武帝纪》记录汉武帝诏令："受策察问,咸以书对,著之于篇,朕亲览焉。"颜师古解释说,"篇",也就是"竹简"。《论衡·定贤》说,"口谈之实语,笔墨之余迹,陈在简策之上"。用竹简编连而成的简策或简册作为所有文化创造和一切文化积累的代表,是符合当时的历史真实的。

纸的普及和简牍的隐退

《后汉书·宦者列传·蔡伦》记述了蔡伦造纸的情形,曾经被看做纸的发明的历史记录:

> 自古书契多编以竹简,其用缣帛者谓之为纸。缣贵而简重,并不便于人。(蔡)伦乃造意,用树肤、麻头及敝布、鱼网以为纸。元兴元年奏上之,帝善其能,自是莫不从用焉,故天下咸称"蔡侯纸"。

说自古以来文书大多用竹简编集而成,也有用缣帛书写的,一般称之为"纸"。缣帛价贵而竹简沉重,都有不便于收藏和不便于流传的缺点。蔡伦于是独创新意,使用树皮、麻头、破布和渔网加工造成新的"纸",在汉和帝元兴元年(105年)呈献皇帝,皇帝赞赏他的巧思精意,从此信用有加,于是天下都称这种纸为"蔡侯纸"。

"纸",原本是书契所用缣帛的名称,后来却被用以称呼这种用植物纤维制造的书写材料了。

现在人们一般公认,所谓"蔡侯纸"并不是最早的纸。

近数十年考古工作的收获表明,西安灞桥、新疆罗布淖尔、陕西扶风、居延肩水金关遗址和甘肃敦煌马圈湾遗址都曾经有西汉麻纸残片发现。对于所谓"灞桥纸"的性质,目前还存在异议。而"马圈湾纸"中最大的一片,长32厘米,最宽20厘米,同出纪年简,最早为汉宣帝元康年间。可见早在西汉中期,纸已经出现,至西汉末年,造纸技术已经相当成熟。新疆民丰东汉墓曾经出土揉成卷的纸,说明当时纸已经传布到西域地区。甘肃武威旱滩坡东汉晚期墓中,还发现了留有文字墨迹的纸片,可以辨识"青贝"等字。我们相信,今后还会有年代更为明确的用作书写材料的古纸出土。

《艺文类聚》卷三一引马融《与窦伯向书》:"孟陵奴来,赐书,见手迹,欢喜何量,次于面也。书虽两纸,纸八行,行七字,七八五十六字,百一十二言耳。"又引张奂《与阴氏书》:"笃念既密,文章灿烂,名实相副,奉读周旋,纸弊墨渝,不离于手。"又如《北堂书钞》卷一○四引延笃《答张奂书》:"伯英来,惠书四纸,读之反覆,喜不可言。"可见纸已经逐渐应用于民间通信活动中。《艺文类聚》卷三一又引崔瑗《与葛元甫书》:"今遣奉书,钱千为赘,并送许子十卷,贫不及素,但以纸耳。"这4封年代大约为东汉中期的书信,都反映出当时纸已经成为较为普遍地应用于民间的书写材料。

不过，我们应当看到，用纸书写的文书，虽然较缣帛远为经济，较简牍远为轻便，明显有益于文化创造和文化传播，然而其真正的普及，却经历了相当漫长的历史时期。

崔瑗《与葛元甫书》所谓"贫不及素，但以纸耳"，说明当时用纸作为书写材料，有时是因财力所限而不得不如此，用纸写书信，在当时人的观念中，似乎对收信人有所不敬。

许多实例表明，简牍的应用，在东汉时期始终是十分普遍的。

据《后汉书·曹褒传》记载，汉章帝时任博士的曹褒潜心研究礼乐制度，"昼夜研精，沈吟专思，寝则怀抱笔札，行则诵习文书"。"笔札"，当时是最基本的文具。

王充是东汉时期以"违诡于俗"著名的敢于创新而绝不守旧的学者，他的写作方式，当时仍然使用刀笔简牍，《后汉书·王充传》说他"闭门潜思，绝庆吊之礼，户牖墙壁各置刀笔，著《论衡》八十五篇，二十余万言"。《艺文类聚》卷五八引谢承《后汉书》又有这样的记载：

> 王充于宅内门户庐柱，各置笔砚、简牍，见事而作，著《论衡》八十五篇。

可见简牍仍然是基本的写作条件。《论衡·自纪》也自称"吾文未集于简札之上，藏于胸臆之中，犹玉隐珠匿也"。

荀悦是东汉末年人,《后汉书·荀悦传》说他好学多才,其中也写道:"悦年十二,能说《春秋》,家贫无书,每之人间,所见篇牍,一览多能诵记。"当时的书籍,仍然大多是"篇牍"。他的著作,有"《申鉴》五篇","《汉记》三十篇","《崇德》、《正论》及诸论数十篇"等,也都是以"篇"计数的简册文书。

著名学者蔡邕生活在东汉末世,据《后汉书·蔡邕传》记载,汉灵帝时,"诸以尺牍及工书鸟篆者,皆加招引",曾经受到时人的批评。可见宫廷中也仍然看重"尺牍"的书写。蔡邕本人所著书,曾有《灵纪》,又补《列传》四十二篇,都在战乱中散失,其他得以传世的作品仍有一百零四篇,也应当是简册形式。马衡先生在谈到荀悦作《汉纪》,汉献帝诏尚书给笔札事时,曾经指出:"当时所用犹皆竹木,意应制之作,以及官府文书,各有定制,不能随意变更,故仍用竹木,其余或已趋于便易。"其实现在看来,当时民间一般的文字工作,仍然以使用简牍最为普遍。

东汉末年,陈琳《檄吴将校部曲文》:"孙权小子,未辨菽麦,要领不足以膏齐斧,名字不足以污简墨。""简墨"二字,也可以说明当时文书的一般形式。

大致在魏晋南北朝时期,纸才在文化生活中逐步取代了简牍。

《晋书·葛洪传》记载,葛洪少时家贫,"躬自伐薪以贸纸笔,夜辄写书诵习,遂以儒学知名"。这里所说的贫穷人家可以砍柴换取的价格相对比较低廉的

"纸",应当就是用作书写材料的植物纤维制品,也就是今人所理解的"纸"。《晋书·文苑列传·左思》又说,左思作《三都赋》,"构思十年,门庭藩溷皆著笔纸,遇得一句,即便疏之"。这里所说的"纸",也不再是缣帛一类丝织品。据说左思《三都赋》成,"豪贵之家竞相传写,洛阳为之纸贵"。《初学记》卷二一引桓玄《伪事》:"古无纸,故用简","今诸用简者,皆以黄纸代之"。傅咸《纸赋》也写道:"既作契以代绳兮,又造纸以当策。""造纸以当策",实现了"作契以代绳"之后又一次文明的跃进。

晋人虞预《请秘府纸表》写道:"秘府中有布纸三万枚,不任写御书,而无所给,愚欲请四百枚,付著作吏,书写《起居注》。"御府中藏有不适宜用来写"御书"的所谓"布纸"多达"三万枚",虞预请求以"四百枚"交著作吏书写《起居注》,可能当时纸的数量之多,在社会上层,虽然尚未取代缣帛,但已经取代了简牍。

《资治通鉴》卷一七六《陈长城公祯明二年》记载,隋文帝下诏谴责陈后主"穷奢极侈","欺天造恶",列举其20条罪状,宣布出师伐陈,"仍散写诏书三十万纸,遍喻江外"。以"三十万纸"传单形成宣传攻势,说明当时纸的应用已经非常普及。

到这时,历史终于迈过了简牍在文化史的进程中地位最为显赫的时代。

不过,简牍在社会生活中的完全隐退,又经历了长达千百年的历史过程。

4　晚世简牍的孑遗

实际上在纸文书普及之后，简牍的文化效用并没有立即消逝。

马衡先生在《凡将斋金石丛稿》卷七《书籍制度》中指出："管府文书之用竹木，不但汉末如此，直至南北朝之时，尚有一部分沿用者。然则竹木之命运，亦不为短矣。"

在纸文书已经得到普及之后，简牍在一些少数民族的文化生活中仍然起到重要的作用。

吐蕃时期的藏文文献中，有相当数量的部分是藏语称之为 Khram 或 byang-bu 的竹木简牍。大部分为新疆米兰故城遗址和于阗以北慕士塔克地区出土的464枚简，已经收入王尧、陈践的《吐蕃简牍综录》一书。这一批简牍有如下几个特点：

第一，简牍右端有一木槽，可以捆扎加盖封泥，说明其性质，很可能是通过驿传系统传送的公文。

第二，简牍往往有削刮的痕迹，有的似乎是一次一次重新加工而加以利用的，每刮削一次，在边沿上刻画一个记号。

第三，在简牍的右侧，常常有一个小洞，可以用绳子穿联在一起。

第四，简牍文字古拙，很可能出于下级军官和基层吏员之手。

敦煌本吐蕃历史文书中可以看见涉及简牍的文字，

例如：

> 会议盟，点验红册。
> 立大藏之红册。
> 依红册征集兵丁。
> 立红册木牍。
> 颁发录于木牍上之诏令。
> "岸"之宫廷直属户籍移之于木牍。
> 统计查对禁军之红册木牍。
> 统计清查"茹拉"红册木牍。

由"红册"、"木牍"、"红册木牍"等文字，也可以看到简牍在吐蕃历史文化中的作用。

在唐高宗龙朔二年（662年）至武则天长寿元年（692年）期间，吐蕃第一次占有西域十八州，安西四镇并废。自长寿二年（693年）至唐懿宗咸通七年（866年），吐蕃完全控制西域长达170多年，当时仅有回鹘的势力可以与其抗衡。新疆出土的吐蕃时期的藏文简牍，有助于说明这一时期的历史状况。

1972年，在甘肃武威曾经发现了一枚西夏文木简，此外，还发现了汉文文书及藏文佛经等资料。同出文书可见"光定二年西路乐府"字样，则年代可以判定为西夏神宗赵遵顼光定二年，也就是南宋宁宗嘉定五年，即公元1212年。甘肃武威地区另外还曾经出土六枚西夏文木牍。

即使在汉文化发展的历史比较悠久的地区，简牍在社会文化生活中的作用也久未消亡。

《新五代史·楚世家·马殷》中有这样的记载："明宗封（马）殷楚国王，有司言无封国王礼，请如三公用竹册，乃遣尚书右丞李序持节以竹册封之。"范成大《骖鸾灵》中关于袁州孚忠庙加封司徒竹册的记述，也说到当时确实有封三公用"竹册"的礼仪。

我们又看到，直到北宋时，中原地区士大夫社会仍然流行一种称作"简版"的带有简牍遗风的书写方式。

陆游《老学庵笔记》卷三写道："元丰中，王荆公居半山，好观佛书，每以故金漆版书藏经名，遣人就蒋山寺取之。人士因有用金漆版代书帖与朋侪往来者。已而苦其漏泄，遂有作两版组合，以片纸封其际者。久之其制渐精，或有以缣囊盛而封之。南人谓之'简版'，北人谓之'牌子'。后又通谓之'简版'或'简牌'。予淳熙末还朝，则朝士乃以小纸高四五寸、阔尺余相往来，谓之'手简'。'简版'几废，市中遂无卖者。而纸肆作'手简'卖之，甚售。""简版"又写作"简板"。宋人周必大《益公题跋》说："宣和后简板盛行，日趋简便，亲旧往来之帖遂少。""简版"又称为"简椠"。元人周密《癸辛杂识》前集说，"古无简椠"，陆游说始于王安石，"其后盛行"，南宋孝宗淳熙末年开始通用"竹纸"，高数寸宽尺余，于是"简版几废"。南宋理宗端平年间，简版重新流行，于是有所谓"稿会稽之竹，囊括苍之简"的说法。朝廷也使用"黄封简版"，当时称作"御椠"。

宋代人使用"简版"是一种十分引人注目的特殊的文化现象，清人俞樾的《茶香室续钞》有"宋人书帖犹用竹简"条，其中也注意到"南宋初，士大夫书翰犹用竹简"的情形。

不过，这很可能与马殷封楚时"用竹册"等史例类似，只是一种慕古精神的表现形式。类似的情形，又见于《元史·祭祀志》所谓亲祀时"竹册八副，每册二十有四简"。然而简牍的这种应用，大抵只有礼仪的意义，事实上在官府收藏和民间通行的书籍中，很久已经看不到简册本的形式了。

钱存训先生在《印刷发明前的中国书和文字记录》一书中指出："发掘区域的时代愈晚，发现的旧式材料便愈少。譬如敦煌和居延出土的大批木牍，约属公元前1世纪至公元后2世纪，纸质材料极少。楼兰区之古籍，约属公元3至4世纪，木牍仅占20%。吐鲁番区的古籍，约属于公元后5世纪，几乎全为纸质。纸张比例的增加，证明新材料使用之逐渐普及。""历代史书目录上的记载亦可表示出书写材料变迁的趋势。即时代愈后，则用作简牍单位的'篇'字渐少，而用作帛纸单位的'卷'字渐增。《汉书》'艺文志'中，四分之三皆著录为'篇'，仅四分之一为'卷'。到了东汉，著录之篇卷，各占半数。至三国时代，卷轴之数已超过简牍。及至晋代，纸已普遍使用，简牍之书已不经见，显然已全为卷轴所取代。"

从中国书籍史演进的大趋势看，到了两晋南北朝时期，简牍确实已经大体逐渐完成了光荣的隐退。

三　简牍的形制

东汉大学问家王充在《论衡·量知》中讲述学而后成器的道理时曾经这样写道：人尚未学问之前即为蒙昧。而蒙昧的人，其实正相当于"竹木之类"。"夫竹生于山，木长于林，未知所入。截竹为筒，破以为牒，加笔墨之迹，乃成文字，大者为经，小者为传记。断木为槧，析之为板，力加刮削，乃成奏牍。夫竹木，粗苴之物也，雕琢刻削，乃成为器用。"竹木都可以成器，更何况"含天地之性，最为贵者"的人呢？

王充是这样记述竹木加工为"牒""槧"的过程的，竹木生长于山林之中，原本并不能确定将被使用于何处。截取竹筒，然后剖而为"牒"，用笔墨书写，就成了文章，大的可以抄录经典，小的可以撰写传记。截断木材成为"槧"，析而为"板"，仔细加以刮削，就成为臣民书写上呈皇帝的"奏牍"。竹木，本来是粗朴鄙陋之物，然而经过精心的雕琢和细密的刻削，就变成了有益于文化的可贵的器用。

通过这段话，我们可以大体知道当时简牍加工制作的过程和实际应用的形式。

简牍取材

竹简取材于竹类,"截竹为筒,破以为牒",成为当时比较理想的书写材料。

竹材可能较木材更早进入古代社会的文化生活。

中国是竹类分布非常广泛的国家,所拥有竹林资源和竹种均居世界首位。古代常见青铜器如簋、簠等,字皆从竹,说明原本可能是竹器。

在简牍遗存最为丰富的战国秦汉时代,恰恰也是黄河流域竹林生长十分繁盛的时代。这很可能与当时的气候比现今温暖湿润有关。据竺可桢先生《中国近五千年来气候变迁的初步研究》(《考古学报》1972年第1期)一文中的论述,"在战国时期,气候比现在温暖得多","到了秦朝和前汉(公元前221~公元23年)气候继续温和","司马迁时代热带植物的北界比现时推向北方"。

史籍中可以看到对于当时北方竹林的记述。例如:《史记·乐毅列传》记载,乐毅自述破齐之功,说到"蓟丘之植植于汶篁",反映在当时的气候条件下,燕国占领军曾经将原本生长在齐地的竹类移植到燕国本土北边山地。《后汉书·郭伋传》说,东汉初,并州牧郭伋"到西河美稷,有童儿数百,各骑竹马,道次迎拜"。美稷地在今内蒙古准格尔旗西北。居延汉简中也可以看到体现当地车具使用竹材的内容。可见当时竹类生长区的北界已经接近今天沙漠地区的边缘。《史记·货殖列传》写到，拥有"渭川千亩竹"的人，他的经济地位可以相当于万户侯，而以"竹竿万个"作为资本的经营者，"此亦比千乘之家"。关中地区竹林繁茂，当时称为"陆海"。通过考古发掘所发现的西汉薄太后南陵以大熊猫从葬的事实，或许也可以看作当时关中自然植被条件中竹类分布与现今显然不同的例证。

在长期作为中国文明的中心地域的黄河流域和长江流域，竹曾经被看做用以制作简册的最主要的材料。

《后汉书·宦者列传·蔡伦》所谓"自古书契多编以竹简"，其实正说明了简牍文书中竹简可能应用年代较早而范围亦较广的情形。《吕氏春秋·明理》写道："乱国所生之物，尽荆越之竹，犹不能书也。"《汉书·公孙贺传》也有"南山之竹不足受我辞"的话。后来征讨敌方的檄文中谴责其罪行，多见"罄竹难书"一类文辞，如《后汉书·隗嚣传》所见隗嚣征讨王莽檄文，《梁书·武帝纪上》所见梁武帝征讨齐主东昏侯檄文，《梁书·元帝纪》所见梁元帝征讨侯景檄文，《新唐书·李密传》所见李密征讨隋炀帝檄文等。《北齐书·文苑列传·樊逊》批评刑罚的繁琐严酷时，也说："秦篆无以穷书，楚竹不能尽载。"看来，在人们普遍的意识中，"竹"曾经是编写简册的主要原材料。

江淮地区出土的简，绝大多数是竹简。河北定县八角廊汉简也是竹简，甚至居延汉简以及敦煌汉简中也有极少量的竹简。

竹简所用竹材，大多为毛竹、慈竹，少量用短穗竹和苦竹。

有人认为，竹质的简比木质的制作复杂，因为竹质有竹节，所以在竹节上要尽力削平，木质的则比较平直。竹质简牍的宽度受竹的圆筒大小限制，木质简牍则不存在这种情况。其实，这种说法看来是可以讨论的。以竹木作简牍，相比之下，还是竹原本更为平直，而且纹理端正，容易解析，而制作木简，厚度就很不好掌握，因而加工简牍材料，似乎用竹相对更为便利。

在西北地区，由于气候等条件的限制，竹简取材不易，也不好保存，于是所发现的简牍，大多为木质。居延汉简中竹简仅占全部简札总数的0.3％。敦煌汉简中竹简共16枚，约占简牍总数的1.3％。

根据对甘肃敦煌马圈湾汉代烽燧遗址出土汉简质料的科学鉴定，可以知道当地简牍绝大多数为木简，其用材大致以柽柳（又名红柳、三春柳，Tamarix ramosissima Ldb.）为主，大约占出土简牍总数的54.1％；其次为□儿松（Picea Neoveichii Mast.），大约占出土简牍总数的31.4％；此外又有胡杨（又名胡桐，Popu - luseuphratica oliv.），大约占出土简牍总数的13.1％。

敦煌出土汉代简牍，也有以柏木作为制作材料的。

居延汉简的木质，又有毛白杨（Populus tomentosa）、水柳（又名垂柳、枝柳，Glyptostrobus pensilis）等。斯坦因在敦煌发现的木牍，大多是白杨木。前中央研究院发现的简牍,木质有松、柳、杨及柽柳等。

青海大通上孙家寨汉墓出土的木简,经鉴定,木质为云杉属。

广西贵县罗泊湾汉墓出土的简牍,也是用杉木制成。

《太平御览》卷六〇六引扬雄《答刘歆书》:"以铅擿松椠,二十七年矣。"说到用松木制作简牍的情形。

晋惠帝时曾经流行这样的民谣:"二月尽三月,初桑生裴雷。柳叶舒荆笔,杨板行诏书。"可见当时民间尚常见用杨木加工制作牍版的形式。

《太平御览》卷六〇六引《神仙传》说,阴长生写丹经,"黄栌简,染之书,封以青玉之函,著华山一通"。"黄栌简",可能是黄栌木制作的简。

《北堂书钞》卷一〇四引《楚国先贤传》说:"孙敬编柳简,写经本,晨夜集诵。"《文选》卷三八任昉《为萧扬州荐士表》写道:"(王僧孺)既笔耕为养,亦佣书成学,乃至集萤映雪,编蒲缉柳。""缉柳",李善解释说:"《楚国先贤传》曰:孙敬到洛,在太学左右一小屋安止母,然后入学,编杨柳简以为经。"说明用柳木制作简牍曾经相当普遍。

"编蒲",也是文化史上比较著名的典故。《汉书·路温舒传》记载,路温舒的父亲任"里监门"这样的低级小吏,"使温舒牧羊,温舒取泽中蒲,截以为牒,编用写书"。后来学习律法,研究经学,成为一代名臣。所谓"截以为牒,编用写书",颜师古注:"小简曰'牒','编',联次之。"《梁书·文学列传下·伏挺》："近以蒲槧匆刎,笺素多阙,聊效东方,献书丞相。"其中"蒲槧",也是借用"蒲牒"的典故。有人据《尔雅·释木》所谓"杨,蒲柳",以为路温舒故事中所说的"蒲",是指蒲柳,因而也是柳木。然而《说文解字·艹部》则说："蒲,水草也。或以作席。"所谓牧羊儿"取泽中蒲,截以为牒",被作为贫苦勤学的特例,很可能是指采用这种"取""截"都比较简易方便的水草制作书册。也可能"蒲"是概指蒲草、蒲苇一类泽中多见的水生植物。《荀子·不苟》说："与时屈伸,柔从若蒲苇",杨倞解释说："蒲苇所以为席,可卷者也。"事实上,我们在考古文物资料中,确实看到了用芦苇制作的简。

《敦煌马圈湾汉代烽燧遗址发掘报告》(《敦煌汉简》,中华书局1991年6月版)中有这样的记述,这处遗址出土汉简中,"还有一枚以芦苇制作的简,将芦苇秆从中剖开,在苇秆表面墨书,现存'文鉴'二字,残长5.0厘米、宽1.2厘米、厚0.3厘米。此为有史以来出土简牍中所仅见"。

简牍加工

王充说到简牍必要的加工过程,"截竹为筒,破以为牒,加笔墨之迹,乃成文字",又说,"断木为椠,析之为板,力加刮削,乃成奏牍",竹木这种"粗苴之物",必须经过这样细致的"雕琢刻削"的工序,才可以成为"器用"。

简牍制作,应当先对竹木材料进行裁截破析。居延汉简中可以看到这样的简文:

> 出钱二百,买木一,长八尺五寸,大四韦,以治罢卒籍。令史护买。
>
> E. P. T. 52:277

简文的内容,是说出钱二百购买一件长八尺五寸,粗四围的木料,用来制作书写罢卒名籍的简册。这样的整件木料,当然首先必须进行分解。

居延汉简中所见最长的简,是破城子第22号房屋遗址的152号简。这枚简长57厘米,如果以汉尺大约合23.3厘米折算,则为二尺四寸略强。边塞军事防御系统制作简牍未必十分规范,可能这就是所谓二尺四寸简了。《论衡·谢短》说:"二尺四寸,圣人文语。"据说儒学经典和礼仪制度一般也用二尺四寸简书写。然而我们所看到的这枚居延简的内容,却只是普通的官文书:

> 建武五年四月十二日甲渠守候长永敢言之隧长……甲渠官□
>
> 立和受敢言之 　　　　　　E. P. F22:152

居延汉简中所见形制最小的,可能是士卒随身携佩,用以辟邪的"刚卯"。

进行简牍的加工,也就是所谓"雕琢刻削"的过程，首先需要刮治。从河西地区出土的木简看，每一枚上下两端都锯齐后再加修磨，使其平整。因而简端四方有棱角，横剖面作矩形。木简的表面，特别是书写的一面，打磨光滑，边棱方正。木简质料坚致，少有木结，且经久不蛀。陈梦家先生《汉简缀述》中《由实物所见汉代简册制度》一文推断，"在刮削平整，打磨光滑以后，书写之前，似经过一道用特殊液体涂染的手续"。武威汉墓"出土木简表面有光亮，似涂胶质者"。薛英群先生在《居延汉简通论》中则指出，木简表面并没有看到经过"用特殊液体涂染的手续"的痕迹。但经过对走马楼吴简竹简的科学鉴定，可知竹简在缮写好以后，为了防止沾水影响字迹清晰和防止霉变，还在竹简的有文字的一面涂抹了一层植物油，以保护文字。

河南信阳长台关楚墓中，与竹简一同出土有锯、削等修治简牍的工具。

竹简的加工，又特别要经过"杀青"。

《太平御览》卷六〇六引《风俗通》："刘向《别录》'杀青'者，直治竹作简书之耳，新竹有汁，善折、蠹，凡作简者皆于火上炙干之，陈楚之间谓之汗，汗者，去其汁也。吴越曰杀，亦治也。"据《风俗通义》的作者应劭说，刘向为汉成帝典校书籍二十余年，都是先书写在竹简上，修改定稿之后，才缮写于缣帛上，由此可以知道，所谓"杀青"，是指"治竹作简"即竹简加工的程序。刘向校书，每完成一部，都录其篇目上奏。其中常常说到称之为"杀青"的竹简加工工序，例如在姚振宗所辑刘向《别录》中，我们可以看到：

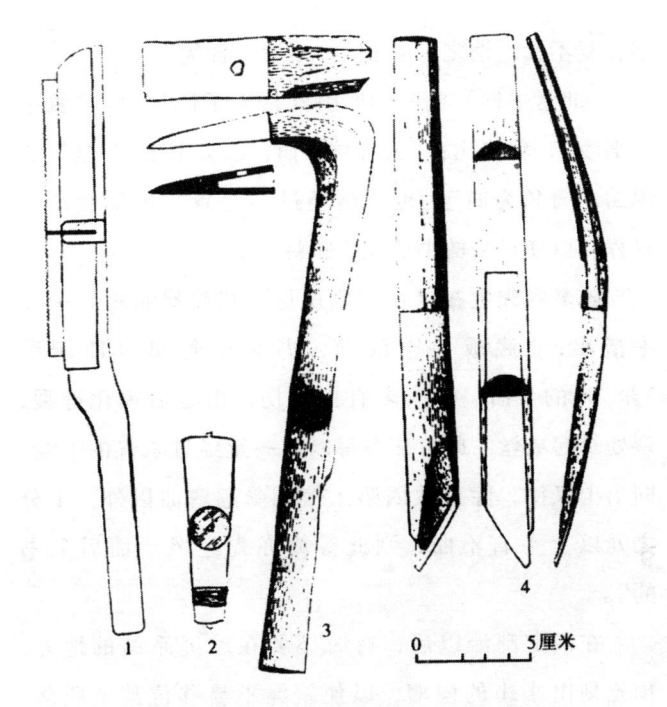

**图5 信阳长台关1号楚墓和竹简一同
出土的简牍加工工具**

1. 木柄铜锯 1-707；2. 木柄铜锥 1-706；3. 木柄铜锛
1-705；4. 木柄铜刻刀 1-700

皆已定以杀青，简书可缮写（《荀子》）；

皆定以杀青，书可缮写（《战国策》）；

杀青，而书可缮写也（《管子》）；

皆以杀青，书可缮写（《列子》）；

皆定杀青，而书可缮写也（《邓析书》）。

《后汉书·吴祐传》说，吴恢"欲杀青简以写经书"。李贤解释说："'杀青'者，以火炙简令汗，取其青易书,复不蠹,谓之'杀青',亦谓'汗简'。"

《北堂书钞》卷一〇四引《穆天子传》说:"蠹书于羽陵",郭璞注:"云青竹为简,以去书虫。"这里所说的"青竹为简",也是指经过"杀青"的简牍加工过程,以使未来的书册免于虫蛀。

陈梦家先生在《由实物所见汉代简册制度》一文中指出,"武威出土汉简,书写于竹里(即所谓'笨')的一面,经久未有虫蛀伤,出土后风化劈裂,裂处暴起成丝。此可证书写以前一定经过杀青的手续。同出土汉简,除少数因坠入棺侧受潮弯曲以外,十分之九以上平直不曲,则此等简亦先经风干而后上书的"。

在裁定刮治以后,有时还要在编绳系结的地方,预先刻出小小的楔槽,以使编绳不易移位甚至脱落。也有的在简端刻有楔槽或穿有小孔,用来拴系绳子,以便于悬挂。

3 简牍编联

《说文解字·糸部》说:"编,次简也。"清代学者段玉裁解释说:"以丝次第竹简而排列之,曰'编'。"《汉书·张良传》所谓"出一编书",颜师古注:"'编',谓联次之也,联简牍以为书,故云'一编'。"又《诸葛丰传》所谓"编书其罪",颜师古也解释说:"'编',谓联次简牍也。"

汉末学者刘熙著有《释名》一书,其中卷六《释书契》中说到简牍形制的特点：

"札"，栉也。如栉齿相比也。

"简"，间也。编之篇篇有间也。

简牍文书如栉齿排比，编列十分整齐。"简"由于编联成册，相互间各有间隙。按照刘熙的说法，"简"所以称"简"，正是得名于这样的特征。

根据《汉书·路温舒传》所谓"截以为牒，编用写书"以及《后汉书·周磐传》所谓"编二尺四寸简，写《尧典》一篇"，我们可以知道一般情况下是先编简册，然后再写简文。武威汉简《仪礼》和王杖十简，也是先编联而后书写。由简牍实物能够看到，凡编绳所过之处空格不写。乙本第 34 简简末在穿绳之下补写一"为"字而避开编纶之处，也明确告诉我们在书写之前已经编联成册。

不过，也有例外的情形。湖北荆门包山楚简从残存的丝线和丝线痕迹看，原竹简的编联，是在文字书写完毕之后进行的。安徽阜阳汉简《诗经》也看不到为编联简册而刻的楔槽，字里行间也没有发现通常为避让编绳而出现的较大的空格。研究者于是推测，编绳很可能是压在抄好的文字上的。也就是说，阜阳《诗经》简册有可能也是先书写而后编联的。

简册各用几道编纶，因册书的长短可以有所不同。武威汉简的实物，编纶就有五道、四道、三道、二道的区别。简册的编绳，质料也并不一致。

《史记·孔子世家》说，孔子老而读《易》，"韦编三绝"。强调披阅反复，研读之勤，以致连编联简册的皮质绳子竟磨断了三次。《汉书·儒林传》也写道："晚而好《易》，读之韦编三绝。"颜师古注："'编'，所以联次简也。言爱玩之甚，故编简之韦为之三绝也。"有人据此以为"古者用韦编简"，不过，文物考古资料中始终没有看到"韦编"的实例。也有人认为用韦编简与用丝麻不同，是由简牍的穿孔编贯。清代学者李惇在《群经识小》卷四《论方策》中就推测说，简狭而长，编简者大约是在简的端部穿孔，"按其次第以韦穿之"，孔子读《易》，韦编三绝，说的就是这种情形。陈梦家先生指出："敦煌出土《急就章》，'第一'两字刻在觚端斜削之处，而'第'与'一'之间作有穿束之孔。此'第一'之'第'犹'卷一'之'卷'，最初是名词，后来引申为次第的形容词。简册所称'第一''第二'乃是'册一''册二'之义。由此可知书册分'第'之法由于韦束，而韦束乃编束木札或木觚之上端穿孔之用，不宜作为编缀编册的绳纶。因如以韦编册，则卷用不便。"而王尧先生等考察新疆出土吐蕃简牍时，确实发现，简牍"在右端常有一洞，可以用绳子穿联在一起，即所谓'韦编'"。

不过，这种认识是否完全符合早期文书制度的实际，还可以继续研究。

简编使用丝纶的记载，在文献资料中颇为多见。《北堂书钞》卷一〇四引刘向《别录》："以杀青简，编以缥係绳。"《太平御览》卷六〇六引作"编以缥丝绳"。荀勖《穆天子传序》说,汲冢所出古书"皆竹简素丝编"。《南齐书·文惠太子传》记述有人盗发襄阳楚王冢"大获宝物"一事,所得有古本《考工记》,据说即"竹简书,青丝编"。《文选》卷三八任昉《为范始兴作求立太宰碑表》:"府之延阁,则青编落简。"李善注引刘歆《七略》:"孝武皇帝敕丞相公孙弘广开献书之路,百年之间,书积如山。故内则延阁,广纳秘书之府","尚书有青丝编目录"。

武威汉简的编纶,已经腐朽散失,研究者据简上的残痕分析,推想木简可能用细麻绳编系,而竹简可能用丝纶编系。居延汉简和敦煌汉简,发掘者认为大都是使用麻绳编系。

从居延汉简提供的资料看,简牍的编绳称作"书绳","书绳"和简札一起按照比例有所储备,而制作"书绳",也就是所谓"治书绳",也是戍卒日常劳务内容之一:

  谨输正月书绳二十丈,封传诏   465.5
  禽寇隧札二百,两行五十,绳十丈 10.9
  出书绳百斤,泉九百三十,始建国天凤一年十一月庚☐   E. P. T5:38
  两行部百,书绳部十丈,卒封阁财☐
            E. P. T65:60
  其三缪付厩啬夫治马羁绊
☐
  一缪治书绳   E. P. T57:44

《独断》中可以看到"而隶书以尺一木两行"的文字。"尺一"是简的长度,"两行"是简的宽度,"木两行",指可以书写两行简文的木简。这种简正是用以编册的。居延汉简简文"两行"和"书绳"并列,正可以印证文献中有关简牍形制的记载。

同一简册的每一枚简,大致是等长的。《说文解字·竹部》说:"等,齐简也。"段玉裁解释说:"'齐'简者,叠简册齐之,如今人整齐书籍也。"根据对出土实物的考察,可知简册中的各简,编册之后如果稍有长短不齐的,则在简文写完之后,统一削其下端,以致有一些简册原先已经编定的序号,"三"变成了"二","三"变成了"三"。

劳榦先生在《居延汉简考证》一书中指出:"居延广地南部候兵物册共77简,以麻绳编之,如竹帘状,可以卷舒,故简编则为册,卷则为卷。"这可能是相当普遍的情形。临沂银雀山汉简简册书写完毕之后,也是卷起来放置的。卷的方向从左至右,这样书于第一简背面的篇题就自然显露于外,便于检索。发掘者在清洗竹简时,发现简中夹有几枚铜钱,有的钱上似有丝绳痕迹。推测这几枚钱应是系在简册篇首的细丝绳上的,细丝绳绕住卷好的简册,铜钱插入两简之间,卷起的简册就不易散开了。

4 简牍规格

在《论衡·效力》中可以看到所谓"五行之牍",

应当是指宽度可容五行文字的木牍。《独断》说，"表……多用编'两行'，文少以'五行'"。

大致"两行"是编册用的简，"五行"是单版的牍。

简册中每一枚简所书写的字数，也就是容字多少，据文献中的记载，可以知道有所不同。

《仪礼·聘礼》说："百名以上书于策，不及百名书于方。"郑玄解释说："'名'，书文也，今谓之'字'。'策'，简也。'方'，板也。"所谓"名"，就是字，"策"是简册，"方"是版牍。《仪礼·聘礼》的原文是说，一百字以上的文书，书写在简册上；不到一百字的文书，书写在版牍上。贾公彦疏又引服虔注《左氏》云："古文篆书，一简八字。""一简八字"或作"一简八分字"，当以前者为是。贾公彦疏又引郑玄注《尚书》："三十字一简之文。"《汉书·艺文志》说，古书多有"书缺简脱"的情形。刘向用孔壁所得《古文尚书》校世上流传的"欧阳、大小夏侯三家经文"，发现今文多有脱异：

> 《酒诰》脱简一，《召诰》脱简二。率简二十五字者，脱亦二十五字；简二十二字者，脱亦二十二字。文字异者七百有余，脱字数十。

古文经典的书写规律，分别有"简二十五字者"、"简二十二字者"不等。而荀勖《穆天子传序》则说汲冢竹书"一简四十字"。古籍简册每一简容字不同，有书

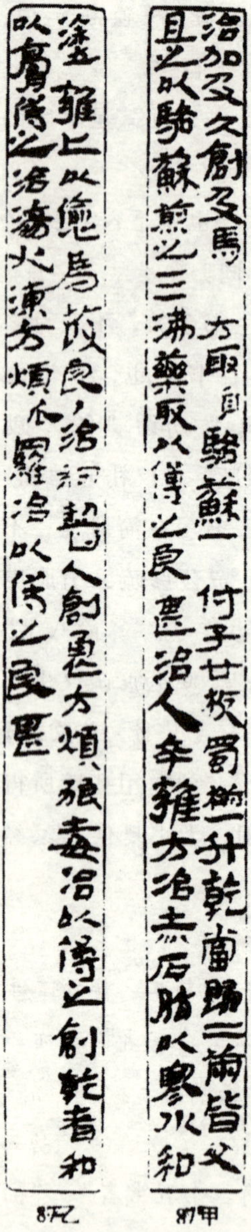

写内容不同的因素，也有书写年代不同的因素。

陈梦家先生《由实物所见汉代简册制度》一文通过武威汉简《仪礼》的实例考察了当时简牍书写时每一简容字大致的定规：

甲本木简七篇是占数最多的，其中大多数以六十字为常例，当然每简容许有一两字的上下。《泰射》一篇百十四简，最为严谨，多数简为六十字，较少的为五十九字或六十一字。《少牢》一篇的前四十一简，每简字数略多于六十字而不超过七十字。只有《特牲》一篇第四十一至五十三的十三简，是利用旧简，一行八十字上下，和七篇中其他部分不同。

乙本木简短而狭，字也小，故一简容字一百至一百零数字，其第十七简最多，为一百二十三字，几乎为甲本一简的倍数。

丙本竹简的字数很参差，多者五六十字，少者二三十字。这由于它是分章的《丧

图6　两行

服》经，每章另行起，故新章前一行多不足行；又由于因避竹节要多空一些，否则它也是以六十字为标准的。

《汉书·艺文志》说到"小学"家源流，涉及民间字书通行本的形制："汉兴，闾里书师合《苍颉》、《爰历》、《博学》三篇，断六十字以为一章，凡五十五章，并为《苍颉篇》。"居延汉简中有一枚完整的书写《苍颉篇》的竹简：

苍颉作书，以教后嗣，幼子承昭，谨慎敬戒，勉力风诵，昼夜勿置，苟务成史，计会辨治，超等轶群，出尤别异，

E. P. T50：1A

初虽劳苦，卒必有意，悫愿忠信，微密俊言，言赏赏

E. P. T50：1B

所书写的字数，与《汉书·艺文志》所说的"断六十字以为一章"仅差一字。

《苍颉篇》是"幼子"经常勉力讽诵的教学用书，格式规定可能较为严格。

简册每简容字的多少，当然也由简的长度所限定。《仪礼·聘礼》贾公彦疏引郑玄《论语序》曾经说到简册的尺度规范："《易》、《诗》、《书》、《礼》、《乐》、《春秋》，策皆二尺四寸；《孝经》谦半之；《论语》八寸策者，三分居一，又谦焉。"《春秋左传序》

说:"大事书于策,小事简牍而已。"孔颖达疏:"蔡邕《独断》曰:'策者,简也,其制长二尺,短者半之,其次一长一短两编。'郑玄注《论语序》以《钩命决》云:'《春秋》二尺四寸书之,《孝经》一尺二寸书之。'故知六经之策,皆称长二尺四寸。蔡邕言二尺者,谓汉世天子策书所用,故与六经异也。"也就是说,儒学经典"六经",其简册规格最高,可以长达二尺四寸。《孝经》只能谦而半之,用一尺二寸简。《论语》则居于更谦次的地位,简册长八寸,只有"六经"的三分之一。蔡邕《独断》说,简册制度长者二尺,短者一尺,所谓长者二尺,说的是汉代天子策书的长度规格。荀勖《穆天子传序》也说道:"以臣勖前所考定古尺度,其简长二尺四寸。"马衡先生于是认为,"凡此所言,皆周时写六经、纪、传及国史之简,是用二十四之分数"。

不过,安徽阜阳双古堆一号汉墓出土的《诗经》残简,为我们提供了新的资料。阜阳汉简《诗经》简长约在26厘米左右,与"六经之策,皆称长二尺四寸"的传统说法不相符合。有的研究者认为,"六经"长二尺四寸之说,多出于东汉人的记述,而在汉代初年,简册制度可能并不如此,汉初"六经"并没有特殊的地位,至少在汉武帝之前,儒学经典在简册上抄写,不大可能有远远凌驾于其他文书之上的规格。

汉代简册制度还有其他的内容。

汉朝天子致匈奴单于的书信,曾经用所谓"尺一牍"书写，由此曾经引发了外交史上的一段生动的故事。

据《史记·匈奴列传》记载，"汉遗单于书，牍以尺一寸，辞曰：'皇帝敬问匈奴大单于无恙'"，投降匈奴的燕人中行说则劝说匈奴单于"遗汉书以尺二寸牍"，其他印信封泥大小尺度也都超过汉帝文书，并且"倨傲其辞曰'天地所生日月所置匈奴大单于敬问汉皇帝无恙'"。《汉书·匈奴传》记载这件事，说"汉遗单于书，以尺一牍"，"单于以尺二寸牍"。简牍的规格尺度，在当时被赋予体现地位尊卑上下的象征意义。

简牍文书用"尺二"规格的情形，又见于南朝梁人刘勰《文心雕龙·檄移》中所说的"张仪檄楚，书以尺二"。《说文解字·木部》确实有"檄，尺二书"的说法。《后汉书·光武帝纪上》说，当时割据河北的王朗"移檄"以"十万户"的赏格购求刘秀。李贤解释这段话时也引述了《说文》的内容：

《说文》曰："檄，以木简为书，长尺二寸。谓之'檄'，以征召也。"

也说"檄"是长一尺二寸的木简制作。关于所谓"张仪檄楚，书以尺二"，《史记·张仪列传》记载："张仪既相秦，为文檄楚相。"裴骃《集解》引徐广曰："一作'尺一之檄'。"司马贞《索隐》说："徐广云一作'丈二檄'。王劭按《春秋后语》云'丈二尺檄'。""丈"字或为"尺"字误写。然而《文心雕龙·檄移》

接着又写道:"百尺之冲,摧折于咫书;万雉之城,颠坠于一檄。"前言"书以尺二",后言"咫书""一檄"。大约所谓"尺二",这里也只是概数而已。

《后汉书·光武帝纪上》李贤注引《汉制度》说到"帝之下书"的不同形式,其中有"策书者,编简也,其制长二尺,短者半之",正与蔡邕《独断》中的有关记述相合。平常的诏书大约通行一尺一寸的制度。《东观汉记·杨政传》记载,汉光武帝建武年间,太常丞范升被诬告而入狱,他的学生杨政上诉其冤,"涕泣求哀",刘秀于是"即尺一出升",也就是用"尺一"之

图7 山东沂南北寨村汉画像石所见一手持笔一手持牍板的文书人员形象

诏宣布释放范升。《后汉书·李云传》批评当时"官位错乱,小人谄进,财货公行,政化日损,尺一拜用,不经御省"。李贤注:"'尺一'之板,谓诏策也,见《汉官仪》也。"《续汉书·舆服志下》刘昭注引《汉旧仪》也说到皇帝诏令以"尺一板"颁布的情形。《后汉书·陈蕃传》也说到"尺一选举,委尚书三

公"，李贤解释说："'尺一'，谓板长尺一，以写诏书也。"

皇帝下书又有另一种"策书"，《后汉书·光武帝纪上》李贤注引《汉制度》说，位列三公的大臣因罪免职亦赐策，而以隶书书写，"用尺一木两行"。《后汉书·周景传》李贤注引蔡质《汉仪》说，汉桓帝延熹年间，有人盗发汉顺帝陵，周景"以尺一诏召司隶校尉左雄诣台对诘"，限以三日为期，果然将罪犯捉拿归案。

汉代记录法律条文的简牍，另有特殊的制度。

《盐铁论·诏圣》有所谓"二尺四寸之律"的文句。《史记·酷吏列传》又有所谓"三尺法"的说法，有客批评酷吏杜周，说道，你为天子处理司法治安事务，"不循三尺法"，只按照皇帝个人的旨意行事，办理案子难道能够这样吗？杜周回答说："三尺安出哉？"问"三尺"究竟何所由来呢？前代帝王所肯定的则著为"律"，后代帝王所肯定的则疏为"令"，法律都是帝王的意志，哪里有什么古来确定不易的"法"呢？对于所谓"三尺法"，裴骃《集解》引述《汉书音义》的解释说："以三尺竹简书法律也。"看来，所谓"三尺法"或"三尺"，当时已经成为法律的代名。《汉书·朱博传》："如太守汉吏，奉三尺律法以从事耳"，也说到当时法律书于简册的尺度。居延汉简中所见"诏令目录"简（甲编2551），残长已达67.8厘米，已经接近汉尺的三尺。《释名·释书契》说："椠，板之长三尺者也。"三尺，已经达到了初制简材的长度极限。

河南信阳长台关战国墓出土的楚简，有7枚长达

三　简牍的形制

68.6厘米。湖北荆门十里铺包山二号楚墓出土的竹简448枚，其中有字简278枚，残断者除外，267枚完整的简原长平均65.85厘米。其中长72厘米以上的计有13枚。68.0~68.8厘米的较多，共36枚。而以长64.0~64.9厘米的最为集中，多达112枚。最长则达72.6厘米。

民间一般非经典的传记诸子以及往来书信，则用一尺简。《论衡·书解》说到"诸子尺书，文篇俱在"，《论衡·谢短》也说："汉事未载于经，名为尺籍短书。"说当时一般书籍简册比经书短，只有一尺，因而称作"尺籍"或"短书"。《吴越春秋·勾践归国外传》说："吴王欢兮飞尺书。"这里的"尺书"是指书信。

书信又称作"尺牍"。《史记·扁鹊仓公列传》中记述了缇萦上书汉文帝解救其父于刑狱的故事，司马迁感叹道："缇萦通尺牍，父得以后宁。"可见当时信札所用的简牍，大约长一尺左右。

对于所谓"尺籍"，又有不同的解释。

《史记·张释之冯唐列传》说到北边与匈奴作战的情形，"夫士卒尽家人子，安知尺籍伍符。终日力战，斩首捕虏，上功莫府，一言不相应，文吏以法绳之"。对所谓"尺籍"，裴骃《集解》引如淳的观点，涉及《汉军法》的内容：

> 《汉军法》曰："吏卒斩首，以尺籍书下县移郡，令人故行，不行，减劳二岁。五符亦什伍之

符，约节度也。"

如淳又提到对"尺籍"的另一种解释，是用一尺长的竹简书写的"伍符"："或曰以尺简书，故曰'尺籍'也。"司马贞《索隐》则说："'尺籍'者，谓书其斩首之功于一尺之板。"总之，"尺籍"是指长度为一尺的简牍文书，大致是没有疑义的。

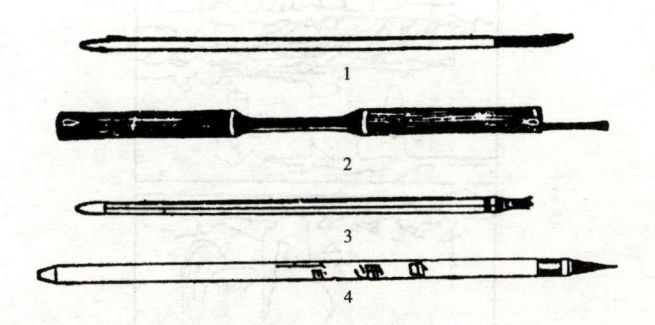

图8 汉代遗址出土的笔

1. 敦煌马圈湾出土；2. 江陵凤凰山出土；3. 居延破城子出土；4. 武威磨嘴子出土

《史记·循吏列传》说，"士无尺籍"。张守节《正义》："言士民无一尺方板之籍书。"河西出土的反映当时军事制度的汉简中，属于簿籍一类文书的，一般规格正是在一尺上下。

在《史记·淮阴侯列传》中，可以看到"遣辩士奉咫尺之书，暴其所长于燕，燕必不敢不听从"的文句。所谓"咫尺之书"，张守节《正义》解释说："咫尺，八寸。言其简牍或长尺也。"咫，是周尺八寸。"咫尺"，一般是指长一尺左右。

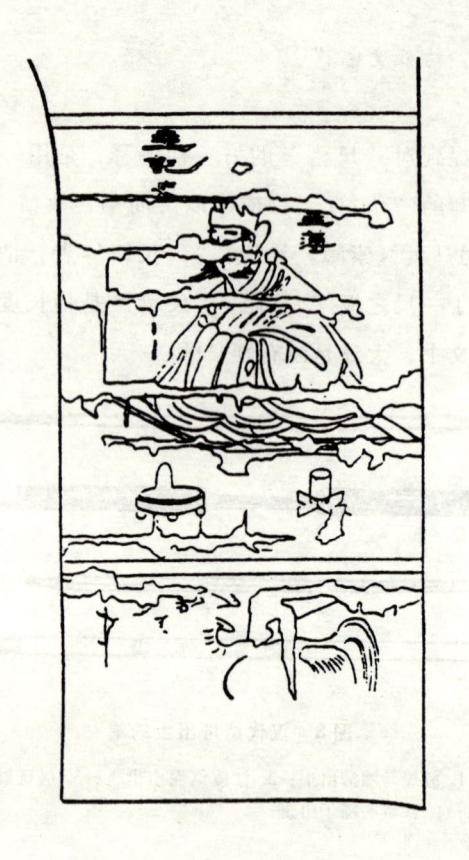

图 9　河北望都汉墓壁画所见面前放置砚的"主簿"

简牍缮写

在赵国开国君主赵襄子的事迹中,可以看到剖竹得朱书的神奇传说。

《史记·赵世家》记载,有神人于王泽致书赵襄子,"襄子齐三日,亲自剖竹,有朱书曰:'赵毋邺,余霍泰山山阳侯天使也'"。并预言赵未来王业的成功。

这个富有神秘主义色彩的故事，暗示可能曾经有"朱书"简牍文字存在。

剖竹得朱书的故事，很可能与晋人盟书用朱书的传统有关。

朱书的形式在简牍资料中仍然有零星遗存。例如临沂银雀山汉简可见用圆朱色点〇标志篇首（如1205）或书于句末（如0850）。内容属于阴阳时令占候之类的《天地八风五形客主五音之居》篇采用图表形式，以12简编联而成，从图中心向八方绘八条朱红色线，以代表八种风。

我们所看到的一般的简牍实物，则大都是墨书。

图10　河北沧县四庄村出土的汉代石砚

《后汉书·光武帝纪上》李贤注引《汉制度》说到帝王下颁的文书有策书、制书、诏书、诫敕四种形式。"策书"又有篆书和隶书两种书体："策书者，编简也，其制长二尺，短者半之，篆书，起年月日，称皇帝，以命诸侯王。三公以罪免亦赐策，而以隶书，用尺一木两行，唯此为异也。"王国维先生《简牍检署考》（《王国维遗书》第九册）中指出，简牍书体曾经有这样的等级差别,"事大者用策,篆书;事小者用木,隶书。殆为通例"。陈梦家先生《由实物所见汉代简册制度》一文也讨论了汉代简牍书体,他认为,当时大致有这样四种情况:

  一是篆书,用于高级的官文书和重要仪典的书写。

  二是隶书,用于中级的官文书和一般经籍的书写。

  三是草书,用于低级的官文书和一般的奏牍草稿。

  四是古文,用于传习先秦写本经文。

有的研究者提出,事实上,古代书体是随时代不同、场合不同而有复杂的变化的。因而王国维先生和陈梦家先生的说法因所见简牍资料有限,均各有不完善之处。

  不过,我们今天考察简牍的文体,尽管存在皇帝诏书有时也书写草率,而习字之作有时竟颇为工雅的情形,但从总体来说,篆书、隶书、草书在汉代文书形式中大体已经形成了等级差别的事实,是确实存在的。

  汉代简牍文书的书体虽然以隶书为主,但草书的兴起却很早就已经为许多研究者所注意。

  东汉学者许慎《说文解字叙》说,"汉兴有草书"。晋人卫恒的《四体书势》也说:"汉兴而有草书,不知作者姓名。"不过,在大批简牍文字资料没有

三　简牍的形制

图11　四川大邑出土的东汉玄武形青铜砚滴

面世之前,人们未能真切认识汉代草书的风貌。《史记·三王世家》褚少孙补述:"谨论次其真、草诏书,编于左方,今览者自通其意而解说之。"褚少孙是西汉元帝、成帝间博士,顾炎武《日知录》卷二一《草书》于是说,"是则褚先生亲见简册之文,而孝武时诏即已用草书也"。罗振玉看见《流沙坠简》中的草书简,曾经有"此简章草精绝"的赞叹。而后来出土的大批汉简,草书的妙迹更为多见。

a（1砚；2墨；11-16牍；20算筹）

b

c

图 12　江陵凤凰山 168 号汉墓出土的简牍缮写工具
a. 盛装简牍缮写工具的竹笥；b. 笔和笔筒；c. 削（书刀）

简牍资料可以较完备地反映当时的书体风格。以河西出土的汉简为例，有的研究者作了这样的分析：

《流沙坠简》，有篆、隶、草、真、行；

《居延汉简甲乙编》，有篆、隶、分、草、真、行；

《武威汉简》，有篆、分；

《武威汉代医简》，皆为章草；

《甘谷汉简》，皆为分。

对于这样的意见当然还可以进行具体的讨论，但是简牍资料能够体现书法艺术发展进步的意义，则确实是不宜忽视的。

6 简牍削改

简牍缮写时最重要的文具，是刀、笔、墨。

墨的实物的出土，最著名的是河南陕县刘家渠东汉墓中发现的五枚墨锭。笔的发现已有数例。云梦睡虎地第11号秦墓同时出土墨、砚、刀、笔四种当时的文具实物，则是比较集中的重要的发现。

《史记·孔子世家》说，孔子为《春秋》，"笔则笔，削则削，子夏之徒不能赞一词"。又《汉书·礼乐志》："有司请定法，削则削，笔则笔，救时务也。"颜师古注："削者，谓有所删去，以刀削简牍也。笔者，谓有所增益，以笔就而书也。"

《后汉书·周磐传》记载，周磐临终遗嘱，吩咐其子"编二尺四寸简，写《尧典》一篇，并刀笔各一，以置棺前，示不忘圣道"，表示死后仍然要研读经典，随时记录修改心得注记。"刀笔各一"，是当时治学的

图 13　汉简隶书

基本条件。

《论衡·量知》也说到,"文吏笔札之能,而治定簿书,考理烦事",他们"握刀持笔",其实与"荷斤斧,把筑锸"的体力劳动相近似。"刀笔"和"斧斤、筑锸"其实都是一样的。

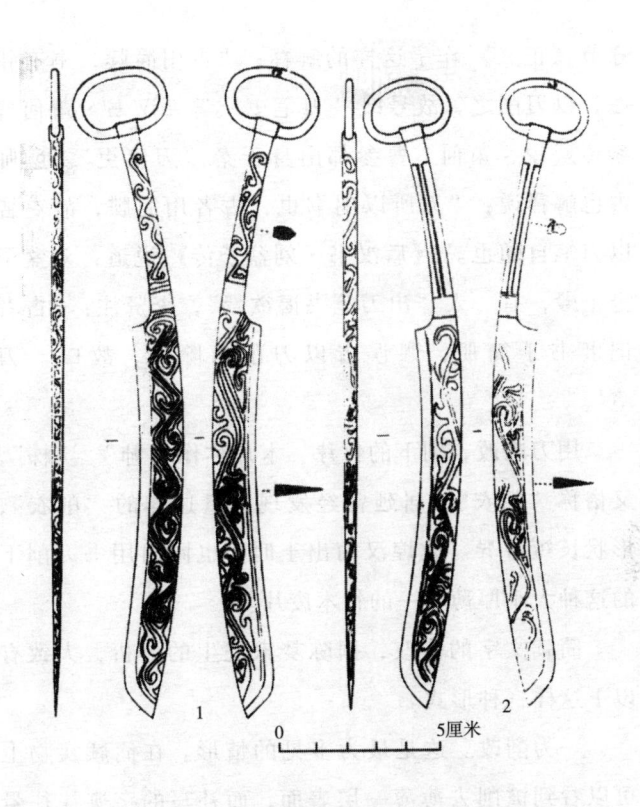

**图14 信阳楚墓和竹简一同出土的
简牍削改工具——铜削**

属于简牍出土最为集中的战国秦汉时代的笔的实物，已经多有发现。

这一时期的墨的实物遗存，当以河南陕县刘家渠汉墓出土的墨锭最为著名。

刀，是用来削改书写错谬的。《考工记》："筑氏为削，长尺博寸，合六而成规。"郑玄注："今之书刀。"《释名·释兵》："书刀，给书简札有所刊削之刀也。"《史记·张丞相列传》说到"刀笔吏"这一称谓，张守节《正义》作了这样的解释:"古用简牍,书有错谬,以刀削之,故号曰'刀笔吏'。"《汉书·萧何曹参传》说,萧何、曹参都出身于秦"刀笔吏"。颜师古也解释说:"刀所以削书也,古者用简牒,故吏皆以刀笔自随也。"《后汉书·刘盆子传》说道,刘盆子坐正殿,有一人"出刀笔书谒欲贺",李贤注:"古者记事书于简册,谬误者以刀削而除之,故曰'刀笔'。"

用刀削改,削下的竹片、木片称作"柿"、"柿",又俗称"削衣"。居延曾经发现大量这样的"削衣",形状长短各异。敦煌汉简出土时,也同出用书刀削下的这种大小厚薄不一的竹木废片。

简牍文字的修改,据陈梦家先生的分析,大致有以下这样三种形式。

一为削改。这是最为多见的情形。在简牍实物上可以看到被削去薄薄一层表面,而补写的字迹往往晕开,易于识别。削改的实例大致有七种:①写错一字,削改后改写一字,原字位不动;②写错偏旁,只削改偏旁,其余部位不动;③写错几个字,削改后仍补写几个字;④漏写数字,将一小段削去重写,改写后字位拥挤;⑤多写了字,删除改写后,原占字位有了空缺;⑥错字削去后遗忘未及补写;⑦误重抄书一段,删削后不作补书,留出空白。

二为涂改。削改一般是事后发现错误削除原写而改写的,涂改则是书写当时即发现错误,不加削除,匆忙用水涂抹字迹,重新书写,因而补写后字迹周围

图 15　汉代画像所见书写简牍的吏员携带和使用笔、削的形式

保留有涂抹痕迹。

三为添写。因简札宽度有限，在字迹较小，排列紧密的情况下，在原字间侧补写更小的字；在原字较大，排列疏散的情况下，则直接补写在两字之间。

简牍题署

简牍往往有自题篇名的情形。

例如睡虎地秦简中《语书》，又如"秦律十八种"中的《田律》、《厩苑律》、《仓律》、《金布律》、《关市》、《工律》、《工人程》、《均工》、《徭律》、《司空》、《军爵律》、《置吏律》、《效》、《传食律》、《行书》、《内史杂》、《尉杂》、《属邦》等，都在简文的末尾标写篇题。而《效律》则在第一支简的背面写有

图16 长沙晋墓出土的青瓷对坐书写俑

"效"字标题。被归入《秦律杂抄》中的42支简,简文各条,有的没有律名,有的有律名,所见律名11种,也都附写在律文之后。《封诊式》共98支简,总标题写在最后一支简的反面。简文分为25节,每节第一支简简首写有小标题。《日书》乙种最后一支简的背面写有《日书》标题。

睡虎地秦简中篇题题署的形式,有一定的代表性。

河西出土汉简中也可以看到自题篇名的情形。

有的是以单独一简写明文书的篇题,例如敦煌汉简:

● 敦煌郡蓬火品约　　　　　　　　520
● 县泉置五凤三年九月谷出入簿　　1312
凌胡隧五凤元年六月卒日作簿　　　1568
□□五月米出入簿　　　　　　　　1707
凌胡隧神爵三年九月米出入簿　　　1746
● 兵四时簿　　　　　　　　　　　2224

有的在第一支简两面都写有文字,简端又刻有花纹,我们可以举出这样两例:

⊠玉门都尉府属吏　　　（A）
⊠致籍　　　　　　　　（B）　　1888
⊠　　始建国天凤元年
　　玉门大煎都兵完
　　坚折伤簿　　　　　（A）
⊠兵完折伤簿　　　　　（B）　　1925

又有释为"▲曰书☒"者（1222）,其实当作"▲日书",也是一支篇题简。居延汉简中也多见类似的简文,我们不妨试举数例,如:

● 竟宁元年戍卒病死衣物名籍
　　　　　　　　　　　　49.17,217.26

■车父名籍　　　　　　　　　　　157.4
　　　元康元年九月吏卒名籍　　　　　　126.3
　　　始元五年六月所受城官谷簿　　　　204.3

有的简册则在篇尾标明本篇的篇题，例如敦煌汉简可见如下简例：

　　　●右爰书　　　　　　　　　　　　223
　　　☒守御器簿一编敢言之　　　　　　665
　　　●右部有能者名　　☒　　　　　　808
　　　■右候官簿　　　　　　　　　　　1814
　　　■右遮虏隧　　　　　　　　　　　2163

1981年武威出土的"王杖诏书令"简册，共26枚，均在简的背面书写编号，其中"第十五"简缺佚。简册最后一枚简简文为：

　　　■右王杖诏书令　　在兰台第卅三
　　　　　　　　　第廿七（背面）

这应当是比较正规的简册篇题的形式。

　　银雀山汉简篇题的书写形式有三种：①将篇题单独写在篇首第一简的简首正面，该篇正文从第二简开始书写；②将篇题写在篇首第一简的简首背面，正面书写正文；③将篇题写在篇末最后一简的文字结束处的下面。在木牍和竹简上都没有看到书名标题。银雀山汉简各篇的篇题还另外写在木牍上，用绳子与简册捆绑在一起，木牍中腰至今还遗留有细绳的残痕。

8 简牍符号

陈槃先生发表于1947年的《汉晋遗简偶述》（《中央研究院历史语言研究所集刊》第16本）一文，已经涉及简牍书写时所用符号的研究。陈梦家先生的《由实物所见汉代简册制度》一文则通过武威汉简《仪礼》的具体研究，总结了当时简牍书写时所使用的11种符号的意义。后来简牍的发掘者和研究者在记录和分析简牍的内容时，也多涉及简牍上的符号。

我们这里可以以大多数简牍学者比较一致的意见为依据，对一些简牍常见符号作简单的说明。

1. □　提示号，一般在简端用扁方框标示一篇的开始。

2. ●　提示号，用圆点标示一篇的开始；有时也用于分句之间，以提示读者注意；睡虎地秦简律名前也使用这一符号；凡设问句之后而答句之前也常常以此作为标记，如睡虎地秦简《法律答问》："可（何）谓'旅人'？●寄及客，是谓'旅人'。"（200）大致●是一种很常见的简牍符号，常用以标志篇、章、句的节隔，篇末尾题和计数简文之前，有时也使用这一符号。

3. ○　墨写圆圈，用作章号、句号。

4. ◎　朱色圆点，或书于篇首，如银雀山汉简

1205；或书于句末，如银雀山汉简 0850。

5. ▲　章号和句号。

6. ·　较小的圆点，往往用以标示章、节的开始；有时也置于文末最后一简之前。

7. =　重文号，在应重写的文字下，用以简代。在简牍文字中的应用有多种情形：①单字重复，如银雀山汉简《六韬》第十二篇所谓"以义取人胃（谓）之友=之友胃（谓）之崩（朋）=之崩（朋）胃（谓）……"（0386），应当读作"以义取人谓之友，友之友谓之朋，朋之朋谓……"；②词和词组重复，如睡虎地秦简《法律答问》所谓"令当免不=当=免"（145），应当读作"令当免不当？不当免"，有时重复的词组可以相当长，如银雀山汉简《守法守令十三篇》第五篇所谓"……则诸=侯=财=物=至=则小=国=富=则中国……"（1925），应当读作"……则诸侯财物至，诸侯

图17　居延汉简
"吏民出入籍"

财物至则小国富，小国富则……"；③重文号连用时，一个重文号有时也可以表示两个字重复，如睡虎地秦简"秦律十八种"《效》："其有所疑谒县＝啬夫＝令人复度"（172－173），应当读作"其有所疑，谒县啬夫，县啬夫令人复度"。

8. ：　合文号，简牍书写时，有为了简省而将两个字合写成一个字的"合文"现象，一般用合文号"："来标示，如睡虎地秦简《效律》："入其赢旅：札而责其不备旅：札"（41），应当读作"入其赢旅衣札，而责其不备旅衣札"，"旅："表示"旅衣"的合文；银雀山汉简中又可见"伊尹"合写成"伊："，"大夫"合写成"夫："的情形。

9. ∨　标界号，用以界隔文句或段落。

10. ∟　钩识号，用以提示句读的停断。《说文解字·亅部》说："亅，钩识也。"《史记·滑稽列传》褚少孙补述，东方朔上书，篇幅多达"三千简牍"，汉武帝阅读时，"止，辄乙其处"。间歇的时候，用笔作类似"乙"形的符号标记。有人认为这种符号和我们在简牍上所看到的钩识号有关。

11. 儿　读书记号，见于武威汉简《仪礼·有司》第20简"延末"字下。

12. 、　顿号，作用类同于钩识。《说文解字·丶部》："丶，有所绝止，丶而识之也。"

13. 卩　有人认为是表示收讫画押的符号。

14. 「」　删略号，武威汉简《仪礼·士相见》第11简"「慈谒」"表示"慈谒"二字删去。

15. ╱　标界号，多用于正文与署名之间。

16. ╱　断句标点，见于银雀山汉简。

17. △　有句读、标界、提行的意义。

18. ⊙　有句读、标界、提行的意义。

19. 一　多用于句末和行末，可能有提示上文和下文存在某种关系的作用。

20. ⌒　特殊标示符。

21. ｜　特殊标示符，有时也有标界的意义。

"⌒"、"｜"作为特殊标示符号，具体作用还不很明确。比较少见的特殊标示号还有"T"和"↓"。我们看到有这几种符号同时使用的情形，例如：

$$
\begin{array}{c}
绔复襦一领阁\ ↓\\
阜复绔一两阁\ T\\
\boxdot\ \ ⌒\quad\quad布袭一领身\quad\ |\quad\quad\boxdot\\
布小裤一两身\ |\quad E.\ P.\ T59:51
\end{array}
$$

用不同的符号表示，其具体意义应当是有所不同的。可是我们今天尚不能完全确知书写者当时赋予它们的含义。

人们在读经过研究者整理后出版的简牍文字释文时，还可以看到释读者所加的符号。例如：

1. □　表示未能释定的文字，每字一"□"，一字有一半未能释出的，也用"□"标出。

2. ☒　一般表示上下有缺失的字而未能确定其字

数者。《居延新简》则用以表示原简断折之处。

3. ▨ 表示简端有花纹。

4. 〔 表示原简右部缺坏。

5. 〕 表示原简左部缺坏。

6. 〕〔 表示原简左部和右部均缺坏。

7. ▫ 表示有封泥印匣槽。

8. ＝ 表示行尽而简文没有排完,移到下行,应与下行接读。

9. …… 《居延新简》中表示字迹模糊,字数亦不能确定。《银雀山汉简释文》则表示原简残断。

10. 〔〕 表示研究者释读时补出的字。

11. （） 表示研究者随文注出的字。

12. A、B、C、D 表示同一简的各面。

9 简牍的特殊形式

简牍除了常见的简册和牍版而外,又有一些特殊的形式。

（1）检

检,《说文解字·木部》解释为"书署"。段玉裁认为:"'书署',谓表署书函也。"实际上,所谓"检",是简牍文书上用以封缄的另一简牍。上面的文字书写收信者名号,有的还注明发信者的姓名。可见"检"的作用,类似于今天的信封。居延汉简有的"检"写明"南书"、"北书",实际上还提示了邮送方向。

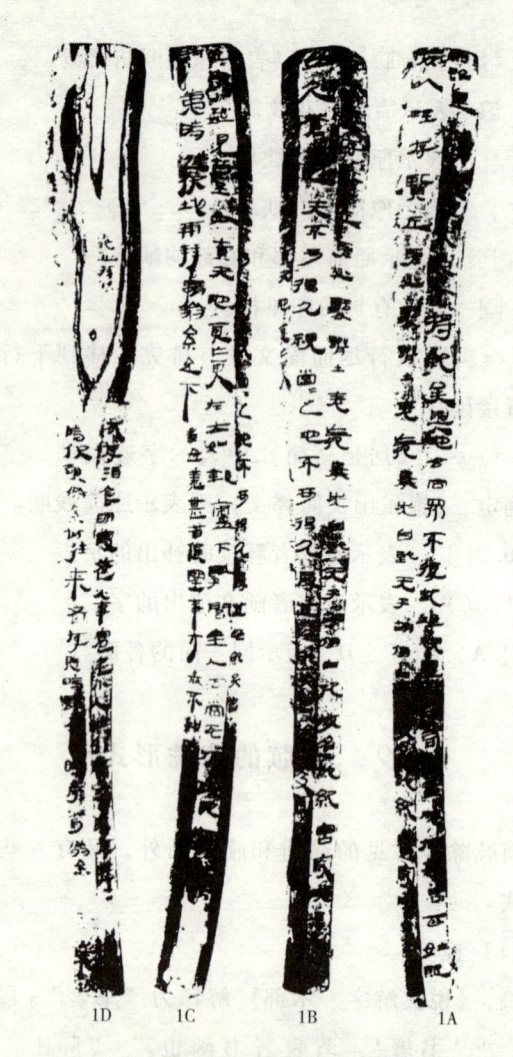

图 18 玉门花海出土的抄录"制诏皇大子"
文书的"觚"

"检",一般较所封覆的简牍文书的尺度要略宽些。

《释名·释书契》对"检"作了这样的解释:"检,禁也。禁闭诸物使不得开露也。""检"的作用

76

在于密封简牍文书的内容。居延汉简中有这样的"检"的实例：

●□甲渠候官候□发　　□　　　　E. P. T51∶440

这枚简有上中下三处封泥印匣。

薛英群先生说，"检"也有"不加封泥印钤而仅为器物文书标题的签，或可称为题签"。例如：

戊卒魏郡邺
都里赵元衣橐检
□　　□　　　　　　　E. P. T52∶494

大概就是这类"或可称为题签"的"检"。不过，这种"检"可能也是因标志对"衣橐"等实行封缄而得名的。

（2）觚

觚，是多面体的简牍。颜师古对《急就篇》作注时说道："觚，其形或六面，或八面，皆可书。"说这种特殊形式的简牍，可以增加书写材料的实际使用面积。居延汉简12.1是一枚书写传达诏书内容与过程的"觚"，共4面，仅已经释出的字数就多达157个。居延汉简和敦煌汉简中的"觚"，有三面、四面、六面的。1977年在甘肃酒泉玉门花海汉代烽燧遗址出土了一枚七面觚，长77厘米，共212字。

汉代民间有一种用以避邪的佩饰，叫做"刚卯"，用金、玉或桃木在正月卯日制作,上面刻写有避邪内容的文字。居延汉简中,也可以看到"刚卯"的实物。居延汉简中形式为"觚"的"刚卯",可以丰富我们对于汉代民俗史的认识。

(3) 楬

《说文解字·木部》说:"楬,楬櫫也。《春秋传》曰:楬而书之。"又有解释说,"楬"就是"杙"。大致都是用以标示其内涵的竹木签。马王堆汉墓出土的这类遗存,发掘报告整理者又称之为"木牌"。马王堆汉墓出土的"楬",端部用墨涂黑。而居延汉简中所看到的"楬",端部经常刻有花纹。

(4) 棨

棨,按照《说文解字·木部》的解释,是所谓"传信",也就是身份证明或者通行凭证。不少学者认为,"传"、"符"、"过所"等,都是性质类似,形制也大略相同的文书。

居延汉简中可以看到自题为"传"的文书,也有关于"过所"的简文。大致"传"、"符"、"过所"等都统称为"棨"。其具体应用的范围和形式又有所不同。

(5) 椠

椠,是已经加工而尚未书写的牍版。《说文解字·木部》:"椠,牍朴也。"《释名·释书契》说:"椠,板之长三尺者也。"汉代著名学者扬雄曾经致书刘歆,说到自己随时访求"异语","归即以铅摘次之于椠"的情形。《西京杂记》卷三也说"常怀铅椠"记录各地方言的事迹。居延汉简中可以看到：

  始建国天凤一年六月以来
  ☒○所受枲蒲及适槧
  诸物出入簿   E. P. T59：229

可见"槧"的"出入"，当时有详细的记录。

（6）板

板，也是用以书写的木牍。有人说，粗者为槧，精者为牍，也有可能"板"是指较精致的牍版。居延汉简中也有关于"板"的文字记录，例如："禹所假板十四枚第十三隧所假板十五枚●凡得板七十枚谨遣第十一"（E. P. T57：51）。

据薛英群先生《居延汉简通论》所说，"居延出土之板，除朴板外，多作合板檄，或称板檄。所谓合板，即上下两板相合，便于保密封检，在居延地区发现的多是合板檄，这应属于重要的紧急文书"。

（7）檄

檄，原本是指长一尺二寸的官方文书，用以征召、晓谕、声讨。有人认为，"檄"可以分为"板檄"和"合檄"。"板檄"，是具有公告性质的文书，"合檄"则是秘密文书。

居延汉简中有一件出土于破城子遗址的文书，指责"候史广德""不循行部涂亭趣具诸当所具者各如府都吏举，部糒不毕，又省官檄书不会会日"等诸种渎职行为，予以"督五十"的处罚。文书书写在觚的两面，全长 88.2 厘米，据说是用一根树枝取上半部分两面削平，下端仍然保留树枝的原状。其中说到"又省官檄书不会会日"（E. P. T 57∶108），有的研究者可能正是据此而将这件文书命名为《候史广德坐不循行部檄》，这一定名其实是可以商榷的。所谓"又省官檄书不会会日"，可能是斥责"候史广德"虽然明明知道上级檄书通知的"会日"，但是却没有如期赴会。

四　简牍的文化内涵

简牍作为一种文明现象,作为一种历史遗存,其实有着极其丰厚的文化内涵。

通过对简牍内容的综合分析和深入研究,可以从更新的角度、更深的层面认识当时那个阶段的历史文化的真实面貌。

1　官文书简牍:政治史的写真

简牍文书中有大量的政治史资料。

早期简牍研究者所首先予以特别重视的,正是简牍政治史料的重要价值。

孔壁所得简牍图书曾经对政界和学界都产生震动,主要是因为其内容包括《尚书》这样的政治思想、政治理论典籍。相比而言,汲冢遗书后来又大都再次散佚,很可能与其内容大多和政治学说没有直接关系有关。

现在看来,简牍资料中,特别是以当时政府公文为主的官文书,作为政治史料的价值尤为可贵。

陈梦家先生所著《汉简缀述》一书中《汉简所见

太守、都尉二府属吏》、《西汉都尉考》、《玉门关与玉门县》等论文,都是利用简牍资料,尤其是其中的官文书讨论汉代政治史的名作。

陈直先生《居延汉简综论》中,有"农民起义的新史料"一节,曾经举出居延汉简中有关农民起义的资料。在居延甲渠候官与第四燧出土的简牍资料中,我们还可以看到其他有关"盗贼"的简例(如E.P.T 5∶16,E.P.T43∶62,E.P.T52∶266,E.P.F22∶598等),其中有些"盗贼"称谓,不排除指代起义农民的可能。又如:

●更始三年☐　　　　　　E.P.T10∶15

"更始",是农民起义领袖刘玄所建立的政权使用的年号。记录"更始"年号的,还有E.P.T43∶62,E.P.T 43∶94,E.P.T48∶132,E.P.T48∶135A,E.P.F22∶455等。又如:

建世二年二月甲午朔　甲渠鄣守候☐
E.P.T43∶67

记录"建世"年号的,还有E.P.T65∶43,E.P.T 65∶44,E.P.F22∶370等。"建始",是农民起义领袖刘盆子所建立的政权使用的年号。这些简牍资料,都反映了当时农民起义显著影响社会生活的事实。

云梦睡虎地秦简出土之后,其中的法律文书受到学术界的普遍重视。

睡虎地秦简《秦律十八种》、《效律》和《秦律杂抄》三种，均属于秦律。根据文献记载，秦律是商鞅在李悝《法经》的基础上制定的。据说早期秦律本有《盗》、《贼》、《囚》、《捕》、《杂》、《具》六篇，经过历年增益补充，后来又成为汉代九章律的基础。中国古代律文能够完整保留到今天的，以唐律为最早。隋代以前的法律文书，虽然有人辑录研究，但仍然只能看到零散的断篇残句。睡虎地秦简中秦代律书的发现，对于研究当时的政治文化具有非常重大的意义。

对于秦的土地制度和阶级关系，学界历来看作重大课题，然而始终众说纷纭，甚至多有完全对立的意见。睡虎地秦简中法律文书的出土，为解决这些问题提供了丰富的资料。

不过，正如李学勤先生在《东周与秦代文明》一书中所指出的，"简牍所提供的史料特别丰富，尤其是律文，反映了当时的社会政治情况，异常宝贵。这方面的研究，目前仍处于开创阶段，还有待于更深入的研究"。

湖北江陵张家山汉简中的法律文书，也有许多宝贵的资料可以帮助我们真切地认识当时社会的政治背景。

例如，在张家山汉简《奏谳书》中，可以看到这样的案例，简文记录：汉高祖十年（公元前197年）五月十九日，校长"池"接到士伍"军"的报告，说"军"的成年男奴"武"逃亡，在"池"所在的西面出现,"池"于是和求盗"视"前往追捕"武"。"武"持剑拒捕,在格斗中斫伤了"视","视"也用剑将"武"刺伤。

"武"被捕后申辩说,他过去是"军"的奴,于楚时逃亡降汉,已经登记为民,身份已不再是奴。士伍"军"承认"武"所说的是事实,并承担"告不审",也就是举告不实的责任。主持审讯的官员则认为,"武"虽然不再是"军"的奴,但在"视"拘捕时应当就擒,不当格斗拒捕。最后判决仍然将"武"予以"黥"的处罚,强迫服事"城旦"的劳役,而"视"则无罪。

这一案例生动地说明,当时奴如果逃亡,会遭到武装人员追捕。"武"虽然因有降汉的政治经历,经登记的手续之后成为自由人,但因遇拘捕反抗,仍然难免严厉的惩罚。就是说,当时虽然确实有使部分奴的身份地位上升,从而获得自由的政策,但是事实上这些新近解放的奴,社会地位仍然与一般的自由平民有所不同。

居延汉简中多有汉朝皇帝诏书简。

陈梦家先生分析出土于居延地湾的长达67.5厘米的著名的《居延汉简甲编》2551简,认为这枚最长的简是三尺之策,判定是西汉诏书目录编册中的一枚。此目录为编册第二简,排列位置见下页。

我们可以推知这一简册共十简,编目最多不会超过六十,但一定在五十二以上。所见目录的内容为:

(1)"县置三老,二"。这是这一诏书目录编册中的

第二

十	九	八	七	六	五	四	三	二	一 ←
廿	十九	十八	十七	十六	十五	十四	十三	十二	十一
	廿九	廿八	廿七	廿六	廿五	廿四	廿三	廿二	廿一
卅	卅九	卅八	卅七	卅六	卅五	卅四	卅三	卅二	卅一
	卌九	卌八	卌七	卌六	卌五	卌四	卌三	卌二	卌一
卌									
五十	卌九	卌八	卌七	卌六	卌五	卌四	卌三	五十二	五十一

条，大约是汉高祖二年（公元前205年）二月颁布的诏令，见于《汉书·高帝纪上》。陈梦家先生又推断列为这一诏书目录编册中第一条的，可能是"约法三章"。

（2）"行水兼兴船，十二"。这是这一诏书目录编册中的第十二条，陈梦家先生以为"此当指治水及行船之事"，其实，从睡虎地秦简《日书》的内容看，"行水"，是指水路行旅、水路航运。而"兴船"，可能是指造船。

（3）"置孝弟力田，廿二"。这是这一诏书目录编册中的第二十二条，当是汉惠帝四年（公元前191年）春正月"举民孝弟力田者复其身"的诏令，事见《汉书·惠帝纪》。

（4）"征吏二千石以上以符，卅二"。这是这一诏书目录编册中的第三十二条，即汉文帝二年（公元前178年）九月诏，事见《汉书·文帝纪》："初与郡守为铜虎符、竹使符。"

（5）"郡国调列侯兵，卌二"。这是这一诏书目录编册中的第四十二条，内容涉及郡国调迁列侯兵事，此事史书失载，陈梦家先生推定此诏书的颁布，在吕后元年（公元前187年）诏之后，汉景帝后元三年（公元前141年）诏之前，大约在汉文帝时代。

（6）"年八十及孕，朱需颂毄，五十二"。这是这一诏书目录编册中的第五十二条，《汉书·刑法志》所记述汉景帝后元三年（公元前141年）诏书制定的"年八十以上，八岁以下及孕者未乳，师、朱儒当鞫系者，颂系之"的法令内容，正与此相符。

这一册诏书目录所收诏书的年代，大致从汉初至汉景帝后元三年（公元前141年）止。

居延汉简中还可以看到诏书的具体内容。

例如，日本简牍学者大庭脩曾经据居延地湾出土简，成功地复原了"元康五年诏书册"：

御史大夫吉昧死言丞相相上大常昌书言大史丞定言元康五年五月二日壬子日夏至宜寝兵大官抒

井更水火进鸣鸡谒以闻布当用者●臣谨案比原泉御者水衡抒大官御井中二＝千＝石＝令官各

抒别火 10.27

官先夏至一日以除隧取火授中二═千═石═官在长安云阳者其民皆受以日至易故火庚戌寝兵不听事尽

甲寅五日臣请布臣昧死以闻 5.10

制曰可 332.26

元康五年二月癸丑朔癸亥御史大夫吉下丞相承书从事下当

用者如诏书 10.33

二月丁卯丞相相下车骑将═军═中二═千═石═郡大守诸侯相承书从事下当用者如诏书

少史庆令史宜王始长 10.30

三月丙午张掖长史延行大守事肩水仓长汤兼行丞事下属国农部都尉小府县官承书从事

下当用者如诏书／守属宗助府佐定 10.32

闰月丁巳张掖肩水城尉谊以近次兼行都尉事下候城尉承书从事下当

用者如诏书／守卒史义 10.29

闰月庚申肩水士吏横以私印行候事下尉候长承书从事下

当用者如诏书／令史得 10.31

这是汉宣帝元康五年颁布的诏书。内容是说，太史丞定提出，元康五年五月二日壬子日正当夏至，应当忌兵，并完成改水火诸事，这一意见通过太常苏昌向丞相魏相上报，魏相转呈御史大夫丙吉。丙吉具体地提出有关官员应在夏至前一天改水火，授予百姓，从庚戌日至甲寅日五天内停止军事行动的建议，请求皇帝发布公告。皇帝批准了这一建议，曰"可"。这一奏请经制可后，作为诏书而具有最高政治指令的效力。元康五年二月十一日，御史大夫丙吉向丞相魏相及有关官吏颁下诏书。四天之后，二月十五日，丞相魏相向车骑将军、将军、中二千石、二千石、郡太守、诸侯相等官员下授诏书。三月二十四日，诏书传达到张掖郡太守府。闰三月六日，传达到肩水都尉府。九日传达到肩水候官。传递和接受的各级有关官员，都在诏书后署名，以明确责任。

大庭脩先生指出："因为过去知道的汉代具有完整的首尾部分的诏书，如《史记·三王世家》、《孔庙置守庙百石卒史碑》等，都是史籍或石刻中遗留下来的，所以就当时未经加工的资料而言，元康五年诏书册是最初的诏书，无论从中国古文字学，或是从法制史的角度来看，都应当说它是值得引起高度重视的资料。"

官文书还包括大量的政府各级机构向下级传达的文书，以及向上级呈报的文书。这些简牍资料都可以为我们了解当时的政治史，提供许多重要的线索。

民间简牍书信：社会生活的生动画卷

民间用简牍书写的书信，也是可以生动地展现当时社会生活面貌的画卷。

睡虎地4号秦墓出土两件木牍，一件长23.4厘米，另一件残长16厘米。两件木牍正反两面都写有文字，共计527字，大部分可以辨识。研究者认为，这两件木牍是现已发现年代最早的两封家信。

写信的是名叫"黑夫"和"惊"的两个人。

第一封信是"黑夫"和"惊"写给"中"的。第二封信是"惊"写给"衷"的。"衷"就是"中"，应当就是睡虎地4号秦墓的墓主。两封信的主要内容，都是向他们的母亲索要衣、布和钱。信的开头除了问候"中（衷）"外，就是问"母毋恙"。从两封信的内容和语气看，"中（衷）"、"黑夫"和"惊"大概是同母兄弟。

"黑夫"和"惊"是两位正在服役的军人，从他们的家信，可以知道当时秦国军队的士兵大都自身携带衣装，他们的日常花费也往往要由家人资给。在长期从军的情况下，春秋换季，常常由于邮递不便而形成极严重的困难。当时下层军士之间的债务关系，大概是普遍存在的，当不能及时偿还时，债权人的严厉，甚至使债务人的生命也受到威胁。通过书信的内容，人们还可以对当时社会的血缘构成和亲族关系有所了解。

居延汉简中，也可以看到民间私人书信的实例。

例如，有这样一件曾经有为许多研究者引用过的私人信札，一般解释为曹宣致其妻子幼孙的私信：

宣伏地再拜请

幼孙少妇足下甚苦塞上暑时愿幼孙少妇足衣
强食慎塞上宣幸得幼孙力过行边毋它急
　　幼都以闰月七日与长史君俱之居延言丈人毋
它急发卒不审得见幼孙不它不足数来　　　10.16A
　　记宣以十一日对候官未决谨因使奉书伏地再
拜
　　幼孙少妇足下朱幼季书愿高搂幸为到临渠隧
长
　　对幼孙治所●书即日起候官行兵使者幸未到
愿豫自辩毋为诸部殿　　　　　　　　　10.16B

　　"因使奉书",大约是这封典型的汉代私人书信邮递的形式。书信即日寄出,发信人因到候官处理公事之便,利用候官的交通条件,于是在"行兵使者幸未到"时书写了这封家信。所谓"愿豫自辩毋为诸部殿",简略涉及公务,也可以理解为一般书信结尾时的惯用语式。

　　也有学者认为,这是某一烽燧戍卒"宣"致另一烽燧戍卒"幼孙少妇"的信件。"幼孙"是人名,"少妇"是他的字。

　　居延汉简中还可以看到寄送衣物的情形,可以知道秦汉时期由于人员的大规模流动,早期货币及实物包裹转寄也相应得到了初步的发展。

　　《古诗十九首》中,有涉及来自"远方"的"客"传送简牍私信的诗句:

　　　　孟冬寒气至,北风何惨栗!

愁多知夜长，仰视众星列。

三五明月满，四五蟾兔缺。

客从远方来，遗我一信札。

上言"长相思"，下言"久离别"。

置书怀袖中，三年字不灭。

一心抱区区，惧君不识察。

简牍"信札"可以长久保存，以至"置书怀袖中，三年字不灭"，书信随身竟达三年之久，说明"信札"往来疏索。居延汉简中有的书信写到，"间者久不相见，良苦，迫塞上甚邑（悒）邑（悒），毋□已年时"，"谨因甲渠官令史王卿致白□宛巍子翘、巍子玉坐前"（E.P.T50：42A、B）。敦煌汉简中"政"致"幼卿君明"的书信中也写到，"居成乐五岁余，未得迁，道里远，辟（僻）回（迥）往来希（稀），官薄身贱书不通"，后来"因同吏郎今迁为敦煌鱼泽候守丞"，于是才有通信机会（1871）。

看来，当时公务往来常常成为传递私人信件的条件。居地"迫塞上"，"道里远，辟（僻）回（迥）往来希（稀）"，都造成限制通信的障碍。而所谓"官薄身贱书不通"，就是说职位低微身份卑贱，就很难收到家信，可能是相当普遍的情形。

3 简牍经济史料

简牍资料中包括许多可以反映当时经济形态和经

济水平的重要内容。

陈直先生在《两汉经济史料论丛》(陕西人民出版社1980年12月版)一书中,曾经利用大量简牍资料,对当时的经济生活状况进行了具体的分析。

陈直先生在分析"西汉边郡的物价情况"时,主要依据居延汉简中所提供的资料进行论证。他所整理的简牍物价资料,包括七类计71种:

布帛类 帛,素,缥,绿,白练,鹈绥,九稷布,布,八稷布,广汉八稷布,河内二十八两帛,黄縠系,绡丝;

食物类 谷,黍,粟,大麦,旷麦;肉,脂,头,肝,肺,乳,蹄,舌,胃,粲,胵,心,肠,牛胗,羊,曲,豉,大荠种,戎芥种,桂,胡豆,付子,盐石;

刍秣类 茭;

器用类 系絮,絓絮,三十五寸蒲复席青布缘,剑,剌马刀,笔,築,弹弓,柘,丝长弦,绳,服,杨弩绳,楯革,火革,胶,稻皮,铜铫,罂,罂罂;

田宅类 田,宅;

车马类 轺车,牛车,马,胡狗,服牛;

奴婢类 小奴,大婢。

陈直先生写道:"居延木简,时代自汉武帝起,至东汉初年止,大部分在西汉中期及晚期。当然物价随时代不断的变更，但可看到一些大概。米粟的价钱，每石低时直八十余钱，高时直一百二十。脂价低时每斤直六钱，高时每斤直十七钱。米麦价值相仿。田价每亩高者直一百，低者每亩直二十余钱，尚合不到一石或五斗的米价。布价最贵，每丈合二石米价值。器物尤贵，弹弓一枚，即直三石米价。综合观之，劳动力高于土地价值，工业品高于农产品价值。而陶器尤贵，小者每个合米三斗，大者合米七斗。边郡布匹难得，价值应高；陶器价贵，或是王莽时货贵币贱时的现象。"

这些分析，其中有些具体结论，随着新出土简牍资料的发现，可以得到进一步的充实和补正。

在讨论"汉代内郡的物价情况"时，陈直先生也以居延汉简中的有关资料进行比较。他指出："案居延木简，马一匹最高十千，最低五千；牛一头二千五百。汉代牲畜之中，因对外战争关系，以马价为最贵。""案居延木简，布一匹四百；素一丈六尺，二百六十八。边郡物价，应当高于内郡。""1972年，武威旱滩坡出土汉代医简，内有木牍书汉代药价，甚为可贵：牛膝半斤直五十，卑肖半斤直五，朱臾二升半廿五，方（防）风半斤百，慈（磁）石一斤半百卅，席虫半斤廿五，小椒一升半五十，山朱臾二升半直五十，黄芩一斤直七十，黄连半斤直百。"

居延汉简中还可以看到有关当时河西地区民间贸易活动的简例，如：

国安耀粟四千石请告入县官贵市平贾石六钱

得利二万四千又使从吏高等持书请安安听入

马七匹贾九□□□□三万三千安又听广德姊夫弘请为入马一匹贾千钱贾故贵登故

　　　　　　　　　　　　　　　　　　　20.8

□一千一百六十受缣五匹卖觿匹三百　221.19

□□平吏民毋贾买□　　　　　　　　255.26

日食时贾车出

日东中时归过　　　　　　　　　　　甲附14B

□马约至居延贾钱　　　　　　　E. P. T2∶13

□恩买布一匹直四百以上复买白缣二□

　　　　　　　　　　　　　　　E. P. T8∶25

□……用中贾人李谭之甲渠官自言责昌钱五百卌八偣以昌奉……　　　　　　　E. P. T50∶23

……出居延贾通五千钱……　　　E. P. T53∶184B

□贾而卖卖而不言证财物故不以实臧二百五□

　　　　　　　　　　　　　　　E. P. T54∶9

枚缣素上贾一匹直小泉七百枚其马牛各且倍平及诸万物可皆倍牺和折威侯匡等

所为平贾夫贵者征贱物皆集聚于常安城中亦自为极贱矣县官市买于民民　　E. P. T59∶163

□载县官财物不如实予有執家轛贩于民□取利具移　　　　　　　　　　　　　E. P. T59∶241

其中第1、2、6例，都是谷物和织物交易的文字记录。第4例与第7例所谓"贾人"、"贾车"，又可以说明专营贸易的商人在河西边地的活动。第10例反映王莽时代事，所谓"牺和折威侯匡"，可能就是《汉书·食货志下》所谓"羲和鲁匡"，《汉书·王莽传下》所谓"牺和鲁匡"。第 11 例的内容有可能与第 10 例有关。事实证明王莽时代曾经推行的"五均赊贷"制度，不仅限于"盐铁钱布帛"，可能也曾试图涉及"马牛""及诸万物"。简文内容又告诉人们，当时北边军事特区虽然"边兵二十余万人仰县官衣食，用度不足"（《汉书·食货志上》），然而就河西地区而言，民间贸易活动的发展仍达到政府以为必须加以控制的水平。而鲁匡法令"皆集聚于常安城中"等内容传达至于河西军民，也说明当地虽然经济发展起步甚晚，也以必要的贸易条件，得以会并于以长安为中心的经济共同体之中。

西北边地贸易的发展，还可以通过货币流通量的分析得以说明。在居延汉简中有一些金额超过"万钱"的涉及财务的记录，说明当时贸易已相当繁荣。

敦煌汉简中也可以看到军功奖励制度有赐"黄金五十斤"（1361）的内容。简文所见"陈却适者赐黄金十斤"（1665）也可以说明黄金得以流通于民间的历史事实。

汉景帝时，就重视在北边"通关市，给遗匈奴"。汉武帝初年，"明和亲约束，厚遇，通关市，饶给之，匈奴自单于以下皆亲汉，往来长城下"。后来，"匈奴绝和亲，攻当路塞，往往入盗于汉边，不可胜数。然匈奴贪，尚乐关市，嗜汉财物，汉亦尚关市不绝以中之"。汉武帝首战匈奴，即"使四将军各万骑击胡关市下"(《史记·匈奴列传》)。"通关市",是长城防区贸易往来的重要形式。汉昭帝始元五年(公元前82年),又曾经宽弛限制重要军事物资马和弩出关的禁令(《汉书·昭帝纪》)。以敦煌汉简为例,所见乌孙人(88,90,1906),车师人(88),"□知何国胡"(698),"远客"(2348A),"东方来客"(2215)以及所谓"有客从远方来"(1787)者在河西地区的活动,有些就很可能与"通关市"这种经济交往形式有关。又如:

  ☑月御毕以庑人外市私任知之　　在　　775
  □□□□□东西迁界毋击人民越塞其日出入者　　　　　　　　　　　　1279

简文内容很可能也与"关市"贸易有关。

在两汉之际的社会大动乱中,内地兵战频繁,而河西地区独得相对的安定。据《后汉书·孔奋传》记载:

  时天下扰乱,唯河西独安,而姑臧称为富邑,通货羌、胡,市日四合,每居县者,不盈数月辄致丰积。

当时称为"脂膏"之地的姑臧,是武威郡治所在,作为河西长城东段的"富邑",其经济地位的确定,是以"通货羌、胡,市日四合"的贸易条件的便利为基点的。所谓"市日四合",李贤解释说:"古者为市,一日三合。《周礼》曰:'大市日侧而市,百族为主。〔朝市〕朝时而市,商贾为主。〔夕市〕夕时而市,贩夫贩妇为主。'今既人货殷繁,故一日四合也。"

河西因贸易之发达实现地方之富足,据说刘秀平定陇蜀后,"河西守令咸被征召,财货连毂,弥竟川泽"。

从居延汉简所提供的资料看,政府对"关市"贸易仍然有一定的限制,如:

> 甲渠言毋羌人入塞
>
> 买兵铁器者　　　　　　　　E. P. T5:149

除了塞外贸易对某些战略物资进行重点控制而外,民间贸易有关铁制农具等物资的销售也由政府施行管理,例如:

> 垦田以铁器为本北边郡毋铁官印器内郡令郡
> 以时博卖予细民毋令豪富吏民得多取贩卖细民
> 　　　　　　　　　　　　　E. P. T52:15

"北边郡"没有"铁官",铁农具的需求必须仰承"内郡"输送方能得以满足。因而要求有关部门计划运销,及时供应,毋令所谓"豪富吏民"乘机牟取暴利。铁器官营的原则与内地是一致的,然而由于河西地区未设"铁官",组织远程运销的意义尤为重要。而边塞禁运的法令,也要求加强对铁器经营的统制。长城防区社会生活军事化的特色,可以成为这些制度得以顺利推行的基本条件。

当时所谓"为家私市",也是一种值得重视的经济现象。根据居延汉简,"为家私市"的地点,可知有居延、张掖、酒泉、觚得等,都是河西地区的重镇。

4 简牍社会史料

简牍资料中有许多可以使我们具体真切地认识当时社会生活风貌的内容。

在中国古代富有神秘主义色彩的民间礼俗体系中,行神崇拜占据着值得重视的地位。

儒学经典著作中规定的礼祀制度,有关于不同社会等级的人们应当定时祭祀行神的内容。

在《仪礼·聘礼》中,可以看到关于"释币于'行'"的礼俗规范。汉代学者郑玄解释说:"'行'者之先,其古人之名未闻","今时民春秋祭祀有行神"。大约远古时代有在行旅生活中起启导或护佑作用的部族领袖,后来被尊崇为神,然而其姓名已经不能确知。行神之神格形象的不明确,说明行神崇拜由来更为久远,影响更为广泛。云梦睡虎地出土的秦简《日书》中可以看到题为"祠行"、"行祠"的内容,具体规定了祭祝祷祠的仪程。举行祭祀行神的仪礼,要选择吉日,避开忌日,又有所谓"祠行良日",在这一天祭祀,据说可以保证行旅"大得"。出行方向不同,行祭祀礼的地点也不同。大约东行南行,"祠道左",西行北行,"祠道右"。具体程式,大致有设席、馂祭、祝告等。

行神也称作"祖神"。行神祭祀又称作"祖道"。

司马迁在《史记·刺客列传》中用饱含激情的笔调记述了荆轲远行赴秦谋刺嬴政时,燕太子丹在易水之上为他举行"神道"仪式的情形:

> 太子及宾客知其事者,皆白衣冠以送之。至易水之上,既祖,取道,高渐离击筑,荆轲和而歌,为变徵之声,士皆垂泪涕泣。又前而为歌曰:"风萧萧兮易水寒,壮士一去兮不复还!"复为羽声慷慨,士皆瞋目,发尽上指冠。于是荆轲就车而去,终已不顾。

这里所说到的"祖",都是指"祖道"。荆轲著名的易水之歌作为激越慷慨、振扬千古的绝唱,其实原本是在临行祭祀行神,也就是举行"祖道"仪礼之后,由壮士胸次奔进而出的。

汉代祖道仪式有时十分隆重。《汉书·疏广传》说,汉宣帝时,太傅疏广和兄子少傅疏受一起主动辞职,告老归乡,一时轰动朝廷,各级官员以及友好、同乡聚集在长安城东都门外,为他们举行规模盛大的祖道仪式,参与者的乘车竟然多达数百辆。晋人张协的《咏史》诗追忆当时京都为二疏祖道的盛况,曾经这样写道:"昔在西京时,朝野多欢娱。蔼蔼东都门,群公祖二疏。朱轩曜金城,供帐临长衢。"华美的车辆聚集都门,富丽的帷帐临于长街。举行祖道仪式的现场,洋溢着肃穆而和洽的气氛。东汉著名学者蔡邕的作品中,有一篇用于祖道时祝诵的《祖饯祝》,其中写道:行旅择定吉日良辰,卜问前程得到吉兆,天色晴美气候宜人,轻车宝马已经备好,苍龙白虎左右扶卫,朱雀玄武随伴前导,细雨洒道清静无尘,旅途必定吉星高照。通过祝文的内容,可以知道当时祖道礼仪的主要意义,是祈祝行旅的平安和顺利。

能够比较全面地记录汉代河西地区社会生活的居延汉简中所提供的有关文字资料,可以说明当时行旅祖道,已经成为普遍影响社会不同阶层生活风习的礼俗。例如,我们可以看到这样的简文:

候史襃予万岁候长祖道钱　出钱十付第十七候长祖道钱

……☐道钱　　出钱十付第廿三候长祖道钱

……☐道钱　　出钱十

出钱☐

104.9,145.14

这大概可以看作同事间共同"出钱"办理祖道事宜的一份记账单。可见远在西北边塞,基层军事组织中也曾经通行这一礼俗。

看来,行旅祖道风习社会影响之广泛,可能确实如同晋人嵇含在《祖赋序》中所写的:"祖之在于俗尚矣,自天子至庶人,莫不咸用。"地位尊贵如"天子",卑下至"庶人",大都虔诚地遵行这种礼仪规范。

由于汉代西北边地居民以军事移民为主,而戍边屯垦的现役军人在当地人口中又占有相当大的比重,当地社会生活具有浓重的军旅生活的色彩,而社会关系的形式也自然受到这种文化基调的影响。

较典型的例证,是人们所熟知的"建武三年候粟君所责寇恩事"简册。

甲渠令史华商和尉史周育应当"为候粟君载鱼之觻得卖",然而商、育二人因故不能成行,前者给予粟君一头价值六十石的牛以及谷十五石,合计相当于谷七十五石,后者给予粟君一头价值六十石的牛以及谷六十石,合计相当于谷一百石,以充抵"载鱼就直",即运输费用。粟君雇用颍川昆阳市南里人寇恩载鱼五千条往觻得贩卖,议定寇恩劳务所得为"牛一头谷廿七石"。寇恩则应向粟君缴纳卖鱼所得四十万钱。然而寇恩卖鱼得钱却远远不足此数,加上卖牛钱才交付粟君妻业"钱卅二万"。寇恩以为置于粟君处的车具车器若干折价以及为粟君买肉籴谷所用款,加上以所谓"市庸平贾"核计其子寇钦为粟君捕鱼三个月零十天的工钱,已经足以抵所差八万钱,即"当所负粟君钱毕",而尚"当得(寇)钦作贾余谷六石一斗五升",而且提出又从觻得自己携带饮食为粟君家赶车铡草来

到居延,行道廿余日不计工钱的情节,于是引起财务诉讼。(E. P. F22:1-36)

华商和周育,都是甲渠候的下级属吏。他们作为属于长城防务系统的军官,不得不向更高一级的军官粟君以代为经营贸易的方式提供服务。这一现象,反映了当地社会生活的某种特殊形式。而粟君在经济关系中的强横态度,也体现了当地的社会结构和社会关系受到军事权力干预的特殊背景。此外,寇恩等"客民"活跃于西北边地社会的情形,也是研究汉代社会形态时不能不予以充分重视的现象。

简牍军事史料

银雀山汉简《孙子兵法》和《孙膑兵法》同时出土,对于军事史研究有重要的意义。

长期以来,有人因孙武事迹不见于《左传》而怀疑其人存在。也有以为传本《孙子兵法》是后人伪托的观点,又有人认为《孙子》十三篇是曹操所删定。《汉书·艺文志》虽然有关于《吴孙子》和《齐孙子》的记载,但是因为后者不见于《隋书·经籍志》,有人也提出异议。一般多以为《孙子兵法》起于孙武而成于孙膑,是春秋战国时代长期战争经验的历史总结,并不是一个人的著作。简牍本《孙子兵法》和《孙膑兵法》同时出土于银雀山汉墓,而前者又可见"十三扁(篇)"字样(2494,1648),终于使长期以来不能辨明的历史疑案得以澄清。

《六韬》和《司马法》两部兵书，其源流和真伪历来也一直说法不一，多有人怀疑是后人依托的伪书。银雀山汉简《六韬》和《司马法》的出土，说明这两部兵书在西汉前期流传仍然相当广泛。

根据《史记·孙武吴起列传》的记载，齐魏桂陵之战并不涉及庞涓事迹，十二年后，齐魏马陵之战则有庞涓兵败自杀事。而银雀山出土汉简《孙膑兵法》中却有《禽（擒）庞涓》一篇，说孙膑擒庞涓于桂陵（0214）。从现有材料看，孙膑擒庞涓可能确实在桂陵而并非马陵。

应当说，能够最为充分、最为具体地反映汉代军事制度和军事活动的文字记录，也正是简牍中的军事史料。

青海大通上孙家寨第 115 号汉墓中出土了一批内容为军事文书的零乱残断的简册。研究者认为，这批木简文字记载的内容，是当时的军事律令或作战条例，也就是军法或军令。其中具体的构成，包括有关部曲编制，以及使用金鼓、旗帜等操练士兵陈师部列的条令，也有规定对立有军功的士卒予以爵赏和对违反军纪的士卒予以惩罚的具体细则。

通过上孙家寨汉简简文，可以知道当时军队编制的单位名称有：校，左部，右部，前曲，后曲，左官，右官，前队，后队，伍等。有的学者据此推定当时军队编制的结构大致是：

军（40000人）——校（20000人）——部

(400人)——曲（200人）——官（100人）——队（50人）——什（10人）——伍（5人）

可以看到汉代军制兼用二进制和五进制两种进制。

居延汉简中所提供的资料，又可以反映当时边塞军事防御组织的大致构成形式。

陈梦家先生根据居延汉简中的内容指出，边郡太守兼理本郡的屯兵，其所属长史专主兵马之事。在其境内的属国、农都尉，虽然在系统上属于中央典属国与大司农，但是也兼受所在郡的节制。至于部、郡都尉，则直属于郡太守。张掖郡属下的两个部都尉，各守塞四五百里，凡百里塞设一候官，有候统辖而与塞尉直属若干部；部有候长、候史，下辖数隧；隧有隧长，率卒数人。

其结构可以用这样的简表显示：

（一）张掖太守系属简表

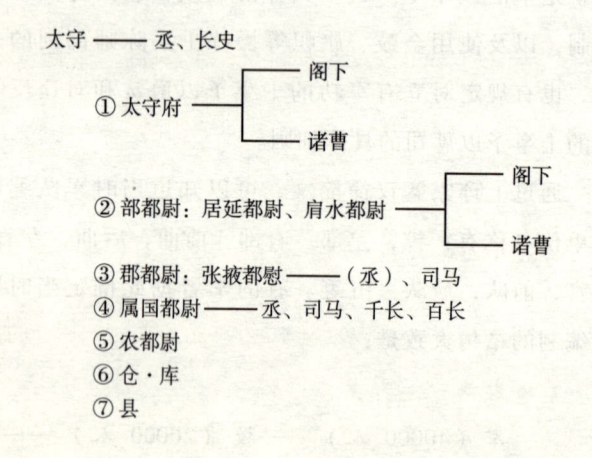

太守——丞、长史

① 太守府 ——— 阁下／诸曹

② 部都尉：居延都尉、肩水都尉 ——— 阁下／诸曹

③ 郡都尉：张掖都尉 ——（丞）、司马

④ 属国都尉 —— 丞、司马、千长、百长

⑤ 农都尉

⑥ 仓·库

⑦ 县

(二) 张掖部都尉系属简表

```
都尉——丞
①候望系统   候————候长————隧长
            ├丞、掾  ├候史    └隧史、助吏、吏、伍百
            ├令史、士吏、尉史、候文书
            └塞尉————丞、从史、尉史、士吏
②屯兵系统   城尉——司马
            千人·骑千人————丞、令史
            司马·骑司马·假司马
            └丞、令史
③屯田系统   田官
④军需系统   仓·库
⑤交通系统   驿·置·关……
```

这两种简表中的内容，有些可以依据新出土的简牍资料得到补充和修正。1988年兰州大学出版社出版的《居延新简释粹》（薛英群、何双全、李永良注）一书，对于都尉管辖系统的结构又用这样的简表进行说明：

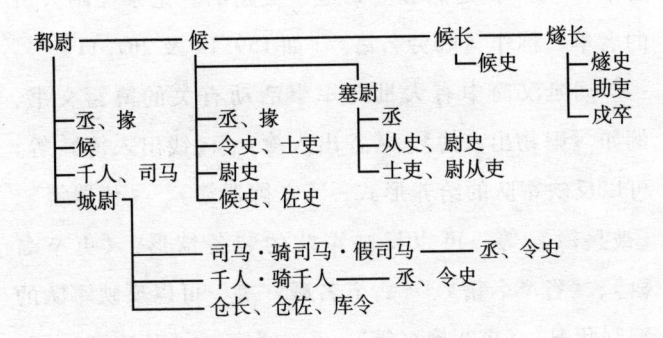

```
都尉————候————————候长——燧长
                    └候史  ├燧史
           塞尉              ├助吏
                             └戍卒
丞、掾    丞、掾     丞
候       令史、士吏  从史、尉史
千人、司马 尉史      士吏、尉从吏
城尉     候史、佐史
         司马·骑司马·假司马————丞、令史
         千人·骑千人————丞、令史
         仓长、仓佐、库令
```

尽管对于汉代边塞防御结构还会存在不同的认识，但是很显然，对于这样具体的军事组织形式，我们仅通过史籍中的片断记载，是很难得到如此详尽的

认识的。

秦汉时期的军人可以因军功得到奖励和升迁。但是，这种制度的具体形式究竟是怎样的呢？

从简牍资料中我们可以看到，戍边军人的考绩，大致包括"功"和"劳"两项内容。其中有"以功次迁为……"（如 20.6），"以功次迁补……"（如 62.56）的简文，说明"功"可以作为升迁的条件。居延汉简中又有体现"劳赐"制度或"赐劳"制度的内容，例如：

☑劳赐用钱万一千八百五十　　　　26.25
出钱六十七付周长卿
☑劳赐　　　　　　凡四百六十
　　　　　　　　　　　　11.23，11.22

看来，"劳"，是能够受到适当奖励的。记录奖励人员的名单，称作《赐劳名籍》（如 159.14 及 267.11）。

居延汉简中有大批与军事活动有关的簿籍文书，例如《财物出入簿》、《谷出入簿》、《钱出入簿》等，可以反映军队的给养形式，《守御器簿》、《什器簿》、《被兵簿》等，可以反映军队的装备情形，《吏卒名籍》、《省卒名籍》、《病卒名籍》等，可以反映军队的编制状况，《吏卒廪名籍》、《阀阅簿》、《日迹簿》等，可以反映军队的管理制度。这些资料，对于研究当时的军事历史，都具有非常重要的价值。

通过简牍资料我们可以看到，来自内地以服役者身份戍守边塞的边卒多有"私贳卖衣财物",即私自出售所携家乡出产织品和衣物的行为,于是使边地军旅生活表现出与贸易活动有关的一种值得重视的特殊色彩。

戍卒"贳卖衣财物"是为法令和军纪所禁止的行为。居延汉简中有所谓"☒卒禁贳卖皆入为臧公从☒"(E.P.T52:334)的简文。

军队中这种受到禁止的贸易形式,其实往往禁而不止,在戍卒频繁往来的长城防区,长期以来始终十分普及。例如:

甘露三年二月卒贳卖名籍　　E.P.T56:263
甘露二年五月己丑朔戊戌候长寿敢言之谨移
戍卒自信贳卖财物
吏民所定一编敢言之　　E.P.T53:25

所谓"卒贳卖名籍"似乎可以理解为逐月造作。而第二例则又可以看作有将"戍卒自信贳卖财物吏民所"随时编定簿册上报的情形。事实上,所"贳卖"的"衣财物"由随身衣服逐渐演变为整匹织物,例如简文所见"一匹"、"三匹"、"八匹"等,也说明戍守河西长城的东方役卒所从事的这种贸易活动,已经绝不仅仅是随意性的交换,而成为行前已有充分准备,"贪利"之目的十分明确的专门的商业经营形式。

敦煌汉简中有关于"出牛车转绢如牒毋失期"(1383)的记录。居延汉简中又多见政府用中原织品支付军官薪饷,即应用所谓"奉帛"(89.12),"禄帛"(394.1,E.P.T65:79),"禄用帛"(210.27,266.15,480.11)的情形。内地出产的织物成为交换各种商品的等价物,无疑有助于长城守备人员"私贳卖衣财物"事实上的合法化。例如:

    ☑□属甲渠候官诏书卒行道辟姚吏私贳卖衣财
 物勿为收责   E.P.T52:55

《史记·范雎蔡泽列传》:"秦国辟远","辟远"即"僻远"。又《荀子·荣辱》:"功盛姚远","姚远",注者以为即"遥远"。简文"行道辟姚",应当就是"行道僻遥"。由于长城戍卒自中原往边地行道荒僻遥远,因而要求官吏对于其"私贳卖衣财物"的行为采取"勿为收责"的较宽容的政策。

  居延汉简中又可以看到这样的内容:"□等告曰所贷贳卖衣□"(E.P.T57:116),简文所说到的与"贳卖衣财物"有关的借贷关系,可以于相当大量的简例得到反映。

  通过河西长城防区戍田卒"私贳卖衣财物"这种颇为特殊的贸易方式,可以在一定程度上了解汉代军事制度和军事活动复杂多样的特点,而同时当时军旅生活与经济生活的内在关系,也可以从一个新的角度得到说明。

五　历代简牍发现

简牍作为一种重要的极富文化价值的历史遗存，在当时极少数是被有意予以特别保存的，绝大多数在当时并不为人们所特别重视，有些甚至被视为垃圾而随意抛弃，例如河西汉代边塞遗址出土的大批简牍，往往和草渣、畜粪、烧灰等废弃物混杂在一起，有些则是当时作为燃料幸未烧尽的残片。

只是渴望借助这些遗存认识当时的历史文化面貌的后人，才发现了它们的价值。

历史上每一次重要的简牍发现，几乎都大大丰富了当时的文化积累，推动了学术发展的进程。

特别是近数十年经科学发掘而出土的简牍，为中国历史文化研究的深入，提供了更优越的条件。

从伏壁藏经到汲冢遗书

在简牍仍然得到普遍应用的年代，前代简牍的发现，也曾经对文化史的演进产生过极其重要的影响。

历史上有明确记载的最早的简牍发现，是西汉初年曾经为秦博士的伏生求壁藏《尚书》,而以此传播于齐鲁学者一事。

司马迁在《史记·儒林列传》中记述儒学著名学者济南伏生的事迹时,有这样的记载:

> 伏生者,济南人也。故为秦博士。孝文帝时,欲求能治《尚书》者,天下无有。乃闻伏生能治,欲召之。是时伏生年九十余,老,不能行,于是乃诏太常使掌故朝错往受之。秦时焚书,伏生壁藏之。其后兵大起,流亡,汉定,伏生求其书,亡数十篇,独得二十九篇,即以教于齐鲁之间。学者由是颇能言《尚书》,诸山东大师无不涉《尚书》以教矣。

汉文帝时,向天下征求能够研究传授《尚书》的学者,而不能得。听说济南学士伏生以治《尚书》著称,准备征召来长安。但伏生已经年过九十,不能长途跋涉,于是派晁错前往济南就学,以接受伏生的学说。秦始皇焚书时,伏生曾经把《尚书》暗藏在夹壁中。后来经历战乱,汉定天下之后,伏生寻求壁藏经书,已经遗失了数十篇,只保存住29篇,于是以此在齐鲁地区执教。《尚书》的内容因此得以在学界继承和流传。

《汉书·艺文志》在论述《尚书》的源流时也记述了这件事,班固写道:"秦燔书禁学,济南伏生独壁藏之。汉兴亡失,求得二十九篇,以教齐鲁之间。"

有的研究者考证,"伏生求其书",大致应当在汉惠帝四年（公元前191年）三月"除《挟书律》"，也就是废除严禁私藏图书的法律之后。

另一次壁藏简牍图书的著名发现，是汉武帝时代鲁恭王刘余扩建宫室时得到了"孔子壁中"的一批儒学经典。

鲁恭王刘余是汉景帝的儿子，《汉书·景十三王传·鲁恭王余》说他"好治宫室"。据《汉书·艺文志》的记载，这一文化史上的重要事件正是在一次宫殿建筑工程中发生的：

> 《古文尚书》者，出孔子壁中。武帝末，鲁共王坏孔子宅，欲以广其宫，而得《古文尚书》及《礼记》、《论语》、《孝经》凡数十篇，皆古字也。共王往入其宅，闻鼓琴瑟钟磬之音，于是惧，乃止不坏。孔安国者，孔子后也，悉得其书，以考二十九篇，得多十六篇。安国献之。遭巫蛊事，未列于学官。

据说鲁恭王刘余在扩建王宫的工程中，于平毁旧宅屋时，在孔子旧居的夹壁里面发现了包括《尚书》、《礼记》、《春秋》、《论语》、《孝经》在内的多种古文经传。孔子的后人孔安国得到了这批书，经过整理，献给政府，不过恰逢引起汉王朝极大动荡的"巫蛊之祸"，这些简牍经典没有来得及"列于学官"，成为官方教授的内容，但是我们通过当时所谓鲁恭王往入孔子宅，听见"鼓琴瑟钟磬之音"而恐惧的富有神秘主义色彩的传说,也可以知道这次简牍图书的发现,在民间引起了普遍的重视。

东汉学者王充在《论衡·正说》中写到,汉宣帝时,有"河内女子发老屋",得到以往失传的《易》、《礼》、《尚书》各一篇,上奏皇帝。

早期简牍图书的发现,多得自于墙壁中,这是因为当时建筑形式存在一种特殊的结构——复壁。

《后汉书·梁冀传》记载,梁冀与汉顺帝遣归美人友通期私通,生了一个名叫"伯玉"的儿子,藏匿不敢见人,于是不得不"常置复壁中"。《后汉书·赵岐传》也记载,赵岐避仇逃亡,被孙嵩迎至家中,热情款待,"藏(赵)岐复壁中数年"。《三国志·魏书·武帝纪》注引《曹瞒传》也说,曹操派人入宫逮捕伏皇后,"后闭户匿壁中",来人竟然"坏户发壁,牵后出"。广州汉墓、河南陕县刘家渠汉墓、甘肃武威雷台汉墓出土的陶屋模型中,都可以看到这种建筑形式。居延、敦煌、楼兰遗址的汉代房屋建筑,都发现有类似的结构,发掘者有的称作"窄长房屋",有的称作"窄长的隔道",有的误认为是"火墙"之类遗存。如敦煌马圈湾汉代烽燧遗址发现一处用土墼砌成的"夹道",宽度仅有 0.58 米。在这种建筑结构中确实多有简牍出土。例如在居延汉代边塞 A1 遗址中,据发掘者记述,"障内西部有一长方形的房子,西壁、北壁和障墙之间空出 1 米左右的夹道","在北夹道内的第二地点掘获汉简约 50 枚"。

初师宾先生曾经注意到,"居延发掘中,曾逢到一些形状、结构较特殊而用途又不明的房屋，有的类似夹道，有的四面有壁而缺少门户。这些建筑，给人以'暗室'、'夹壁'的感觉"。他在《汉边塞守御器备考略》一文中指出，这种建筑结构可能与居延汉简简文"毋非常屋"（E. P. T57：108）中所说到的"非常屋"有关。这种"非常屋"，可能同《汉书·五行志下》所记载的长安宫殿区中的所谓"非常室"有类似的功用。

《后汉书·陈宠传》记载，王莽执政时，陈咸因为持不同政见辞官避世，"收敛其家律令书文，皆壁藏之"。《后汉书·杜根传》也说，杜安号为"奇童"，京师贵族多慕其名，以书信相交往，杜安收到信后，"不发，悉壁藏之"。后来上层集团党争激烈，追捕贵族宾客时，杜安乃"开壁出书，印封如故"，于是幸免于难。看来用"壁藏"方式收存简牍文书，确实曾经是相当普遍的情形。

中国文化史上另一次重大的发现，是汲冢遗书的出土。

晋武帝太康二年（281年），汲郡人不准盗掘战国时期的魏王墓，得到有字的竹简数十车。经朝廷组织著名文臣进行初步整理，知道有古书七十五篇。

汲冢遗书的出土，就简牍的数量和内容来说，是简牍发现史上规模空前的。

汲冢发现简牍图书的内容，有魏国史书《纪年》十三篇，与《周易》上下经内容相同的《易经》二篇，与《周易》略同的《易繇阴阳卦》二篇，与《说卦》相近的《卦下易经》一篇，记述公孙段和邵陟关于《易》的讨论的《公孙段》二篇，记述楚国和晋国历史的《国语》三篇，与《礼记》、《尔雅》、《论语》近似的《名》三篇，记述《左传》诸卜筮事的《师春》一篇，属于诸国卜梦妖怪相书类的《琐语》十一篇，先记述魏国世数，又说丘藏金玉事的《梁丘藏》一篇，论述弋射技法的《缴书》一篇，记述帝王所封的《生封》一篇，与邹子谈天相类似的《大历》二篇，记述周穆王远行游历的故事的《穆天子传》五篇，内容为画赞之类的《图诗》一篇。又有所谓"杂书"十九篇，如《周食田法》、《周书》、《论楚事》以及《周穆王美人盛姬死事》等。

在汲冢遗书发现后不久，晋惠帝元康年间，有人在嵩高山下得竹简一枚，据说"上两行科斗书"，当时有学者判定说，这是汉明帝显节陵中随葬的策文。这件事《晋书·束皙传》和《世说新语·雅量》注引《文士传》都有记载。不过，这枚简出土年代和出土地点都不十分明确，汉明帝时代简牍用"科斗书"的说法也与我们关于文字史的常识不合。但是，司马迁在《史记·货殖列传》中已经说到，"掘冢"是有些地方风俗的特色之一。赤眉军曾经掘西汉帝陵。董卓曾经掘东汉帝陵。陈琳《为袁绍檄豫州文》说，曹操曾经置"发丘中郎将"、"摸金校尉"，专事掘墓。可以推想，在古墓经常被盗掘的背景下，简牍的出土一定是相当普遍而频繁的。而出土数量最多的，可能还是战国秦汉时期的简牍。

古代纸文书时期的简牍出土

南朝宋昇明二年（478年），延陵县（今江苏丹阳延陵）发现一枚木简。《南史·齐本纪上》记载：

> 昇明二年冬，延陵县季子庙沸井之北，忽闻金石声，疑其异，凿深三尺，得沸井，奔涌若浪。其地又响，即复凿之，复得一井，涌沸亦然。井中得一木简，长一尺，广二分，上有隐起字，曰："庐山道人张陵再拜，诣阙起居。"简木坚白，字色乃黄。《瑞应图》云："浪井不凿自成，王者清静，则仙人主之。"

"沸井"，是说井中泉水喷涌。延陵季子庙沸井十分著名。南朝宋人刘敬叔《异苑》卷一写道："句容县有延陵季子庙，庙前井及渎，恒自涌沸，故曰'沸井'，于今犹然。亦曰'沸潭'。"《南史》对于这枚木简的出土，作为王者应当登基的祥瑞，予以充满神秘主义色彩的渲染。后来直到唐代，刘禹锡《和州刺史厅壁记》仍然有"祥有沸井"的文句。但是尽管如此，掘井而出木简是完全可能的。所记载木简的尺寸，也大致与简牍制度相符。所谓"简木坚白，字色乃黄"，可能反映了字迹因地下水的浸泡有所变化的情形。至于所谓"上有隐起字曰"，则当然只能是拥立萧道成的臣民别有用心的作伪。

据《南齐书·文惠太子传》记载，南朝齐高帝建元初年，即公元 480 年前后，又曾出土一批古代简牍，"时襄阳有盗发古冢者，相传云是楚王冢，大获宝物玉屐、玉屏风、竹简书青丝编"。襄阳，即今湖北襄樊。古墓的墓主可能确实是楚国贵族。

"竹简书青丝编"，是说竹简用青丝编联成册，这种形式大概已经为当时的人们以为稀见，所以特别予以著明。据说"简广数分，长二尺，皮节如新"，宽度为数分，长度为二尺，当然都是以当时尺度而言，折合现今计量单位，大约宽度在 2.4 厘米以下，长度为 48 厘米左右。

据说盗墓者用竹简"把火自照"，自然会使简牍图书散失。后来有人得到十余枚简，拿给当时以"善隶书"著称的抚军将军王僧虔鉴定，"僧虔云是科斗书《考工记》，《周官》所缺文也"。认为是传世《周礼》所缺失的部分《考工记》。所谓"科斗书"，应当是指当时人已经难以辨识的战国楚文字。

唐代陇西人牛僧孺曾经著有《玄怪录》一书，其中大多为神怪奇异故事。卷二有"周静帝"条，写到北周静帝宇文阐时代，也就是公元 579 年至 581 年前后，在居延地区发现汉代简牍的情形。其中说到，在"一厅宅基"，"掘之深数尺，得瓦砾，瓦砾之下得一大木槛，槛中皮袋数十，槛旁有谷麦，触即为灰。槛中得竹简书，文字磨灭不可识，唯隐隐似有三数字，若是'陵'字"。所得"皮袋"，据说"即李都尉李少卿般粮袋，屋崩平压，因至时绵历岁月"。因为简文中可见"陵"字，而判断为与汉武帝时名将李陵有关，可见当时已经知道居延简牍属于汉代遗存。而所得"皮袋"是盛装军粮所用，也正符合汉代边塞军需供应制度。从居延汉简的内容看，这种"皮袋"，可能就是军旅生活中称作"革橐"的常备器用。

汉代一般戍卒多携有"布橐"。然而用皮革制作的所谓"革橐"也得到广泛的应用。居延破城子第22号房屋基址出土的法律文书《建武三年候粟君所责寇恩事》说到寇恩为候粟君载鱼前往觚得贩卖，而车上诸物品中，就有"革橐"。在居延汉简作为邮传文书的简E.P.T65∶118中，我们又可知"革橐"、"皮袋"有时也用作邮递行包。

《玄怪录》虽然是志怪小说，然而其情节与汉代居延边塞的具体条件相合至于如此细致，只能理解为作者确实直接或间接地了解居延遗址包括简牍在内的汉代文物的出土情形。

这个反映简牍发现的故事，《太平广记》卷三六八引录时，注称"出《玄怪录》"，题作"居延部落主"。

这可以看作后来轰动学界的河西汉代简牍伟大发现的先声。

宋代学者邵博《邵氏闻见后录》卷二七又有关于在天都地区发现汉代简牍的记述：

> 崇宁初，经略天都，开地得瓦器，实以木简札，上广下狭，长尺许，书为章草，或参以朱字，表物数曰："缣几匹，绵几屯，钱米若干。"皆

"章和"年号。松为之,如新成者,字道古若飞动,非今所畜书帖中比也。其出于书吏之手尚如此。正古谓之"札书",见《汉武纪》、《郊祀志》。乃简书之小者耳。张浮休《跋王君求家章草月仪》云尔。

大意是说,宋徽宗崇宁初年,也就是1102年前后,在秦凤路西安州天都(今宁夏海原)经营军务,掘地发现陶器,其中装满了木简、木牍,形式上宽下窄,长一尺左右。书体为章草,有的个别插写红色的字,内容主要是物品数量的计算,写道:"缣几匹,绵几屯,钱米若干等。"都标记汉章帝"章和"年号。简牍用松木制作,木质一如新近制成,字迹古朴有力,活跃生动,不是我们今天所收藏的书帖可以比拟的。出于当时一般文书小吏笔下,书法尚且如此。这可能就是古时所谓"札书",《史记·孝武本纪》和《封禅书》中都有记载。是简书中较小的。张浮休的《跋王君求家章草月仪》说到了这次简牍发现。

汉章帝章和年间,就是公元87~88年。

所谓"正古谓之'札书',见《汉武纪》、《郊祀志》",就是指《史记·孝武本纪》和《封禅书》中关于齐人公孙卿以"札书"奏上汉武帝言封禅事的记载,《汉书·效祀志上》也记载了这件事。这里的"札书",就是指简策。

宋代另一次简牍发现,是上文已经说到的宋徽宗政和年间(1111~1117年)陕西出土于地下古瓮中的竹木简牍。其中比较完整的，有著明汉安帝永初二年（108年）纪年的传布车骑将军幕府调发军役，征讨叛乱的羌人部族的命令的紧急军事文书。

关于这一发现，南宋人黄伯思的《东观余论》卷上有所记述。赵彦卫《云麓漫钞》卷七则说出土年代为宋徽宗宣和年间（1119～1125年）。赵彦卫在对简文进行分析之后，还特别指出："但檄文讨羌岁月与史不合，此史误无疑。"这一观点，和黄伯思是一致的。

明代学者陶宗仪的《古刻丛钞》一书，也记录了这条简文。

流沙坠简：19世纪末到20世纪初的伟大发现

从19世纪末开始，简牍出土的历史进入了新的时期。

从这时起，开始了有目的、有计划的简牍发掘工作。简牍出土的数量空前，简牍的内容也引起了国内乃至国际学术界的普遍重视。

（1）斯文·赫定发现的楼兰简牍。

19世纪末，瑞典著名探险家斯文·赫定（Sven A. Hedin）来到中国西部，开始在新疆和西藏等地区进行文化探险活动。光绪二十五年（1899年），斯文·赫定沿塔里木河考察，到达罗布泊北面，发现了古楼兰国遗址。在1901年3月组织的发掘活动中，得到汉晋时期的简牍120余枚以及其他文物。

1903年,斯文·赫定发表《中亚和西藏》,记述了他发现楼兰简牍的具体情形。

斯文·赫定的重要发现,引起了许多西方学者对中国古代简牍遗存的重视。

(2)斯坦因在尼雅、敦煌、酒泉、楼兰发现的简牍。

英籍匈牙利人、著名考古学家斯坦因(Marc A. Stein)曾经三次深入新疆沙漠地区进行考古调查,所获得的考古资料大部分都收录在三部大型考古报告《古代和阗》、《塞林提亚,中亚和中国西域考古记》、《亚洲腹地,中亚、甘肃和伊朗东部考古记》中。

1901年1月,斯坦因在对尼雅遗址的调查中,获得40余枚汉文简牍和524枚佉卢文简牍。汉文简牍年代最早为汉代,而以西晋文书最为集中。佉卢文简牍则属于于阗和鄯善两个古代王国的官方文书、契约和公私往来书信。

1906~1908年,斯坦因进行了第二次中亚探险,他除了继续在尼雅、楼兰等遗址进行考古发掘并各有收获而外,还在疏勒河流域汉代长城遗址进行考古工作,发现汉晋简牍数百枚。

这就是敦煌汉简的发现。

有的学者指出,根据汉代边郡辖地的划分,这批汉代简牍应当被分别称作敦煌汉简和酒泉汉简。

1913年,斯坦因开始第三次中亚探险。在1913年到1916年之间,他在楼兰遗址又得到一批汉晋简牍,在疏勒河流域汉代长城遗址的考古工作也有重要的收获。对于他这次所获得的简牍数量,记述有所不同。

据林梅村、李均明编《疏勒河流域出土汉简》(文物出版社 1984 年 3 月版)一书中的说法,"他在甘肃西部疏勒河流域调查并发掘了汉代长城遗址,先后获得汉代文书一千余件"。

(3)科兹洛夫发现的简牍。

1908 年,俄国探险家科兹洛夫(Козлов, Пётр кузьмич)在考察西夏黑城遗址时,发现了两枚简牍。

(4)大谷探险队发现的简牍。

1909 年 2 月,日本大谷探险队进行第二次中亚考察期间,橘瑞超在楼兰遗址发现了著名的"李柏文书"。"李柏文书"是前凉西域长史李柏策划讨伐驻于高昌的晋戊己校尉赵贞的有关书信。

1910 年,据说大谷光瑞等人又得到一批晋代简牍。

1912 年,橘瑞超发表《中亚探险》,介绍了"李柏文书"发现的情况。1915 年,大谷光瑞发表《西域考古图谱》,刊布了大谷探险队发掘楼兰时所获得简牍的图版和部分释文。

4 西北科学考察的工作收获

中国西北地区是出土汉代简牍数量非常集中的地区。近世民间已经多有简牍发现。例如今藏敦煌博物院的 17 枚汉简,原收藏者周炳南有题识称:1920 年春掘得于敦煌西北古玉门关城外之沙滩中。

1927 年,中国学术团体协会组织的一些中国学者和瑞典学者斯文·赫定、贝格曼(Folke Bergman)等

五 历代简牍发现

组成的西北科学考察团成立。

"西北科学考察团",实际上是"中瑞西北科学考察团"(The Sino-Swedish Scientific Expedition to the North-Western Pro-vince of China)的简称。国外书籍中则一般简称为"中瑞考察团"(The Sino-Swedish Expedition)。

因为斯文·赫定有自19世纪末起在中国西北多次进行探险考察的经历,1927年春,德国汉莎航空公司计划开辟柏林—北平—上海之间的航线,委托他再次进行考察,遭到中国学术界的强烈反对。后来经刘复等人以中国学术团体协会的名义出面交涉,于同年4月26日联合组成西北科学考察团,由北京大学教务长徐炳昶(旭生)和斯文·赫定分别担任中瑞双方团长。

西北科学考察团1927年5月从北京出发,经包头、百灵庙至额济纳河流域,于1928年2月到达乌鲁木齐。到1930年第一期考察结束,历时计三年半。

西北科学考察团的考察内容包括考古学。田野考古工作的主要收获中以简牍发现尤为引人注目。

(1)黄文弼发现的西域汉简。

1927年,西北科学考察团成员黄文弼先生在新疆罗布淖尔(即罗布泊,又名盐泽、蒲昌海)、吐鲁番以及塔里木盆地等地进行考古调查和部分试掘时,在罗布淖尔附近的默得沙尔得到木简71枚。后来他又在额济纳河畔得到竹简数枚。在吐鲁番城西的交河故城遗址,他又发现木牍数枚,继而在木札特河畔的拜城和色尔佛洞,也得到版牍10枚。

黄文弼在1948年出版的《罗布淖尔考古记》一书中，发表了71枚汉简。

(2) 贝格曼发现的居延汉简。

1930年4月到1931年，西北科学考察团成员贝格曼在额济纳河流域调查居延烽燧遗址，组织发掘采集到大批汉代简牍。

居延发掘共60区，主要的有21区。出土文物计有586包（一说342包，出土地点明确的274包），有简牍的463包。

出土简牍数量最多的有10个地点，即：

宗间阿玛(A1)	63枚
破城子(A8)	4422枚
瓦因托尼(A10)	267枚
博罗松治(P9)	346枚
A21	250枚
布肯托尼(A22)	83枚
查科尔帖(A27)	93枚
金关(A32)	724枚
地湾(A33)	2383枚
大湾(A35)	1334枚

另外还有20个地点也发现了少量简牍，总计共发现10200枚左右，现收藏于台湾中央研究院。

关于居延汉简的发掘收获，在贝格曼去世之后，瑞典方面于 1956~1958 年出版了正式的报告，题为《内蒙古额济纳河流域考古研究》。

夏鼐等人发现的敦煌汉简，是另一次西北历史考察工作的重要收获。

1941 年，国立中央研究院组织西北史地考察团，其历史考古组由中央研究院历史语言研究所、中央博物院和国立北京大学组成。

1942 年春，西北史地考察团曾经赴河西地区考察。向达先生在敦煌南湖古董滩捡到 10 余枚木简。

1943 年 7 月至 1944 年，西北史地考察团历史考古组由向达、夏鼐带领，再次往河西地区进行考察。1944 年，夏鼐在敦煌小方盘城等三处遗址进行发掘时得到汉简 48 枚。

有关这批汉简的资料，夏鼐先生 1948 年发表于《中央研究院历史语言研究所集刊》第十九本。

5 1949 年以后的简牍发现

1949 年以后，简牍又有数量空前的发现。

我们可以根据简牍年代和出土年代的顺序，将 60 余年来所发现的简牍资料作简略的介绍。

A. 战国时期简牍

（1）1951 年，长沙五里牌 406 号楚墓出土竹简计 37 枚，性质可能属于记录随葬器物的清单"遣策"。见《长沙近郊古墓发掘记略》，《文物参考资料》1952 年第 2 期。

图19 包山楚简

（2）1953年7月，长沙仰天湖25号楚墓出土竹简43枚，内容为"遣策"。见《长沙仰天湖第25号木椁墓》，《考古学报》1957年第2期。

（3）1954年，长沙杨家湾6号楚墓出土竹简72枚。见《长沙杨家湾M006号墓清理简报》，《文物参考资料》1954年第12期。

（4）1957年，河南信阳长台关1号楚墓出土竹简

229枚。其中一组是书籍,一组是"遣策"。属书籍的一组,简数当在18枚以上,是一篇近600字的文章。见《我国考古史上的空前发现——信阳长台关发掘一座战国大墓》,《文物参考资料》1957年第9期;《一篇浸透着奴隶主思想的反面教材》,《文物》1976年第6期。

(5) 1965年冬,湖北江陵望山1号楚墓出土竹简207枚,内容为卜筮祭祷的记录。

(6) 1966年,望山2号楚墓出土竹简66枚,内容为"遣策"。见《望山楚简》,中华书局,1995年6月版。

(7) 1973年,湖北江陵藤店1号墓出土竹简24枚,可辨识47字。见《湖北江陵藤店一号墓发掘简报》,《文物》1973年第9期。

(8) 1978年,湖北江陵天星观1号墓出土竹简保存较好的有70余枚,其中一组为祭祷的记录,另一组可能是"遣策"。天星观楚简采用以事件纪年的特殊方式,例如以齐使臣拜见楚王一事作为当年的标志,具有重要的研究价值。见《湖北省文物考古工作新收获》,《文物考古工作三十年》,文物出版社,1979年4月版;《江陵天星观1号楚墓》,《考古学报》1982年第1期。

(9) 1978年,湖北随州擂鼓墩曾侯乙墓出土竹简240余枚,计有6600字,简文为墨书篆体,内容主要是记载用于葬仪的车马兵器。见《曾侯乙墓》,文物出版社,1989年7月版。

（10）1979年，四川青川郝家坪战国秦墓出土了2件木牍，其中1件正面写有以秦王诏令形式颁布的法律，背面为与该法律有关的记事，共计121字。见《青川县出土秦更修田律木牍》，《文物》1982年第1期。

（11）1980年，湖南临澧九里1号楚墓出土竹简100多枚，内容一部分为遣策，一部分为占卜。见《文物考古工作十年》，文物出版社，1991年1月版；《新中国考古五十年》，文物出版社，2009年9月版。

（12）1982年，湖北江陵马山砖瓦厂1号楚墓出土栓在竹笥上的竹简一枚。见《江陵马山砖瓦厂1号楚墓出土大批战国时期丝织品》，《文物》1982年第10期；《江陵马山一号楚墓》，文物出版社，1988年2月版。

（13）1981～1989年，湖北江陵九店56号、411号、621号楚墓出土竹简334枚，内容为农作物数量、日书杂占、卜祷。见《江陵九店东周墓》，科学出版社，1984年7月版；《九店楚简》，中华书局，2000年5月版。

（14）1985年，湖南常德德山夕阳坡2号楚墓出土竹简2枚，内容记录楚王赏赐臣下士尹事。见《常德市德山夕阳坡二号墓竹简初探》，《楚史与楚文化研究》，求索杂志社，1987年12月版。

（15）1986～1987年，湖北江陵秦家嘴M1、M13、M19出土了一批竹简。其中M1出土竹简7枚，M13出土18枚，内容为卜筮祭祷，M19出土1枚，内容为卜筮祭祷和少量遣策。见《江陵秦家咀楚墓发掘简报》，《江汉考古》1988年第2期。

（16）1987年，湖北江陵包山2号楚墓出土竹简448枚，竹牍1件。其中有字简278枚，总字数12472个，内容为：①司法文书，篇题有《集箸》、《集箸言》、《受期》、《疋狱》四种，也有没有篇题的；②经济往来记录；③卜筮祭祷记录；④遣策。竹牍有154字，所记葬车1辆，系由他人所"受"。见《包山楚简》，文物出版社，1991年10月版。

（17）1987年，湖南慈利石板村36号战国墓清理竹简残断4557片，估计完整时数量为800～1000枚。见《湖南慈利石板村36号战国墓发掘简报》，《文物》1990年第10期。

（18）1991年，湖北江陵鸡公山M48楚墓，数量不详，内容为遣策。见《宜黄公路仙江段考古发掘工作取得重大收获》，《江汉考古》1992年第3期。

（19）1992年，湖北老河口两座战国墓各出土内容为遣策的楚简。见《湖北楚简概述》，《简帛研究》第一辑，法律出版社，1993年10月版。

（20）1992年，湖北江陵砖瓦厂M370楚墓，残简6枚，其中2枚无字。有字简内容为司法文书。见《楚国第二批司法简刍议》，《简帛研究》第三辑，广西教育出版社，1998年12月版；《江陵砖瓦厂M370楚墓竹简》，《简帛研究2001》，广西师范大学出版社，2001年9月版。

（21）1992年12月至1993年4月，湖北黄冈曹家岗 M5 楚墓，出土竹简 7 枚，内容为遣策。见《湖北黄冈两座中型楚墓》，《考古学报》2000 年第 2 期。

（22）1993 年，湖北黄州战国墓出土内容为遣策的楚简。见《湖北楚简概述》，《简帛研究》第一辑，法律出版社，1993 年 10 月版。

（23）1993 年，湖北江陵范家坡 M27 楚墓，出土竹简 1 枚。见《楚系简帛文字编》，湖北教育出版社，1995 年 7 月版。

（24）1993 年 10 月，湖北荆州郭店 1 号楚墓出土竹简 804 枚。见《郭店楚墓竹简》，文物出版社，1998 年 5 月版。

（25）1994 年，上海博物馆从香港文物市场购回一批战国楚简，1200 余枚，内容涉及 80 多种战国古籍。见《上海博物馆藏战国楚竹书》（一）～（七），上海古籍出版社，2001 年 11 月版～2008 年 12 月版。

（26）1994 年，河南新蔡葛陵村平夜君成墓出土竹简 1571 枚。内容为卜筮祭祷、遣策。见《新蔡葛陵楚墓》，大象出版社，2003 年 10 月版。

（27）香港中文大学文物馆历年入藏简牍共 259 枚，其中有 10 枚为战国楚简。见《香港中文大学文物馆藏简牍》，香港中文大学文物馆，2001 年。

（28）2002 年，湖北枣阳九连墩 M2 楚墓出土竹简 1000 余枚，内容为漆书图案。见《湖北枣阳市九连墩楚墓》，《考古》2003 年第 7 期。

（29）2002 年，河南信阳长台关 M7 楚墓出土内容为遣策的竹简，数量未详。见《河南信阳长台关七号楚墓发掘简报》,《文物》2004年第3期。

(30) 2008年7月,清华大学入藏了一批流散到境外的战国竹简,约2500枚(含残片)。内容多为对探索中国历史和传统文化极为重要的经史类文献,其中多为佚籍,尤其是《尚书》和编年体史书等重要典籍的面世,将会极大地改变中国古史的研究面貌,其价值是难以估量的。这批竹书已初步整理出60篇文献,计划出版15辑,已经出版了第壹辑。见《清华大学藏战国竹简》〔壹〕,中西书局,2010年12月版。

战国时期简牍,是迄今发现的时代最早的简牍实物。

其中除曾侯乙墓出土的竹简属于姬姓曾国,青川郝家坪木牍属于秦国外,其他都是楚简。

曾侯乙墓竹简的年代在公元前433年或稍晚,属于战国早期,其他简牍年代均为战国中晚期。

湖北云梦睡虎地秦墓中出土的竹简和木牍中,有的年代虽然在秦统一之前,但是一般都归入秦代简牍中叙述。

B. 秦代简牍

(1) 1975年,湖北云梦睡虎地11号秦墓出土竹简1155枚(另有残片80片)。内容计有10种:①《编年记》;②《语书》;③《秦律十八种》;④《效律》;⑤《秦律杂抄》;⑥《法律答问》;⑦《封诊式》;⑧《为吏之道》;⑨《日书》甲种;⑩《日书》乙种。这是第一次发现秦简。其内容之丰富,为研究当时的历史文化提供了前所未见的宝贵资料。见《睡虎地秦墓竹简》，文物出版社，1990年9月版。

（2）1975年，湖北云梦睡虎地4号秦墓出土木牍2件，合计527字，内容为私人家信。这是迄今所见年代最早的家信的实物。见《云梦睡虎地秦墓》，文物出版社，1981年9月版。

（3）1986年，甘肃天水放马滩1号秦墓出土竹简461枚。内容包括《日书》甲乙种和志怪故事两类。同一墓中，还出土了用墨线绘在4块松木板上的7幅地图。见《天水放马滩秦简》，中华书局，2009年8月版。

（4）1986年，湖北江陵岳山36号秦墓出土木牍2枚，内容为日书。见《江陵岳山秦汉墓》，《考古学报》2000年第4期。

（5）1989年，湖北云梦龙岗秦墓出土竹简150余枚，木牍1件。内容包括《禁苑律》等。见《云梦龙岗秦简》，科学出版社，1997年7月版；《龙岗秦简》，中华书局，2001年8月版。

（6）1990年，湖北江陵扬家山135号秦墓出土竹简75枚。完整的简一般长22.9厘米，宽0.6厘米，内容为"遣策"。见《江陵扬家山135号秦墓发掘简报》，《文物》1993年第8期。

（7）1993年3月，湖北江陵王家台15号秦墓出土竹简800余枚，宽约0.7至1.1厘米，长度有两种规格，一种长45厘米，一种长23厘米。简文墨书秦隶，内容为《效律》、《日书》、《归藏》、《政事之常》和《灾异占》。见《江陵王家台15号秦墓》，《文物》

1995年第1期；《王家台秦墓竹简概述》，《新出简帛研究》，文物出版社，2004年12月版。

（8）1993年，湖北荆州沙市区关沮周家台30号秦墓出土竹简389枚，内容为《历谱》、《日书》、《病方及其他》；木牍1枚，内容为秦二世元年历谱。见《关沮秦汉墓简牍》，中华书局，2001年8月版。

（9）2002年，湖南龙山里耶战国—秦代古城一号古井出土简牍36000余枚，若包括残简和削衣在内，数量可达37000余枚。除少量属于战国楚简外，绝大多数为秦简。除战国楚简为竹简外，秦简均为木质，且形式多样。其内容为秦洞庭郡迁陵县政府档案，涉及当时社会的各个层面，有人口、土地、赋税、吏员、刑徒的登记及其增减和原因，仓储管理和粮食俸禄发放，道路、邮驿、津渡的管理和设备添置，兵器的管理和调配，中央政府政令的转达和执行，民族矛盾、民事纠纷的处理等。其中洞庭郡未见于文献记载，可补史籍之缺。综合考古发掘中其他资料的时代特征，以及简文中的纪年，可知这批简牍是秦王政（始皇）及秦二世时的遗物。另外，2005年12月，在里耶古城北护城壕中段底部一凹坑内，出土了51段户籍简牍，经整理拼合为整简10枚、残简14枚（段）。里耶J1和护城壕出土的这些简牍具有重要的历史研究价值，对于我们认识秦代的行政管理和社会面貌等诸多方面，都具有巨大的研究意义。见《里耶发掘报告》，岳麓书社，2007年1月版。

（10）2007年12月，湖南大学岳麓书院从香港文物市场上抢救性地收购了一批秦简。这批简在入藏时分为大小8捆，经细致揭取，共编号2098个，其中比较完整的简1300余枚。2008年8月，香港一收藏家将其购藏的少量竹简捐赠给岳麓书院，共76个编号，较完整的30余枚。经过技术处理，这些竹简形制、书体和内容与前一批秦简相同，应属于同一批秦简。这样岳麓书院所藏秦简共2174个编号，较完整的简至少有1330余枚。这批秦简大部为竹简，只有少量木简（30多个编号）。比较完整的简长度大致有三种：一种30厘米左右，一种27厘米左右，还有一种是25厘米左右。简宽0.5～0.8厘米。编绳分为两种：一种是三道，即上、中、下各一道编绳，一种是两道，即在简的中间系两道编绳。岳麓书院所藏秦简是继1975年云梦睡虎地秦简和2002年龙山里耶秦简之后的又一次秦简的重大发现。该批简经过初步整理，主要内容大致为七大类：①《质日》；②《为吏治官及黔首》；③《占梦书》；④《数》；⑤《奏谳书》；⑥《秦律杂抄》；⑦《秦令杂抄》。其中《质日》、《为吏治官及黔首》和《数》三种为简背上原有标题，其他四种是整理小组暂拟的篇题。见《岳麓书院所藏秦简综述》，《文物》2009年第3期；《岳麓书院藏秦简》（壹），上海辞书出版社，2010年11月版。

（11）2010年初，香港冯燊均国学基金会出资抢救了一批流失海外的秦代简牍，并将其捐赠给北京大学。10月24日，北京大学举行"北京大学藏秦简牍情况通报暨座谈会"，正式公布了这批秦简的情况。这批

简牍包括 10 卷 760 余枚竹简（其中 301 枚为少见的正、背两面书写）、21 枚木简、6 枚木牍、4 枚竹牍、1 枚木觚，字体是典型的"秦隶"。内容有质日、交通里程书、算数书、数术方技书、为吏之道、制衣术、文学类佚书。两卷质日分别为秦始皇三十一年（公元前 216 年）和三十三年（公元前 214 年）的日历，可知这批简牍抄写下限在秦始皇后期。见《北京大学获赠珍贵秦简牍对秦代认知大为扩展》，2010 年 10 月 25 日《光明日报》。

秦代简牍提供的历史资料，足以使研究者对于秦史得到全新的认识。但是这方面的研究，尚处于刚刚起步的阶段，对秦代简牍的整理和利用，还有待于更深入的工作。尤其是随着里耶秦简、岳麓书院秦简以及北京大学藏秦简的整理和公布，研究者研究秦国及秦代的社会历史有了较多的珍贵资料，这必将有力地推进简牍学和秦汉史等的研究。

C. 汉代简牍

图 20　四川青川秦墓出土木牍

（1）1951~1952年，长沙203号汉墓出土汉代木牍9件，其年代为西汉晚期。

（2）1951~1952年，长沙徐家湾401号汉墓出土木牍1件。见《长沙发掘报告》，科学出版社，1957

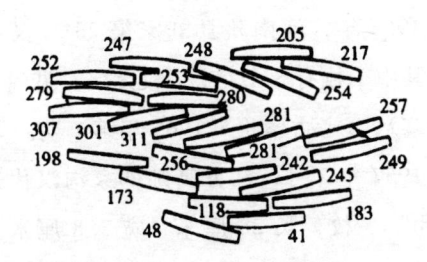

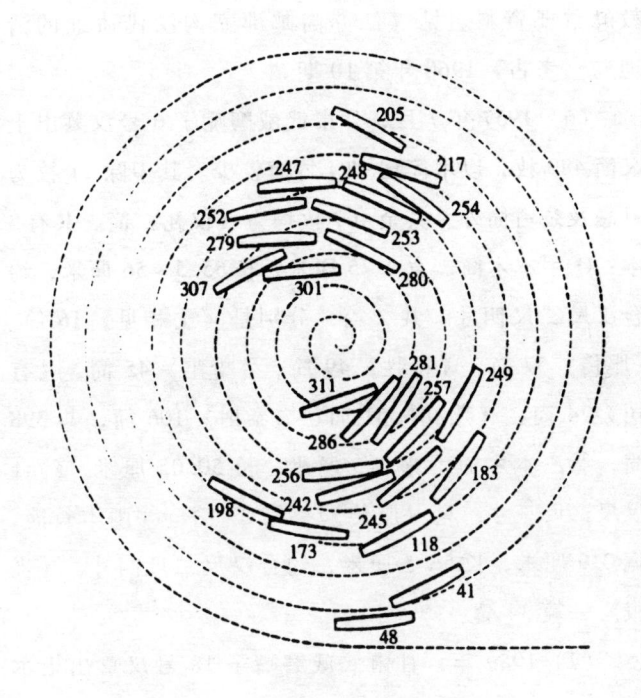

图21 长沙马王堆1号汉墓部分竹简出土情形及复原示意图

年8月版。

（3）1951～1952年，长沙伍家岭201号汉墓出土西汉晚期封检7枚。见《散见简牍合辑》，文物出版社，1990年7月版。

（4）1956年，河南陕县刘家渠23号汉墓出土木简2枚，其中1枚有3个字，1枚无字。见《河南陕县刘家渠汉墓》，《考古学报》1965年第1期。

（5）1957年2月，江苏高邮邵家沟汉代遗址出土"符箓木片"一枚，长28厘米，宽3.8厘米。尚有朱写的"符"与"咒"，约有40字。此符是研究东汉道教的重要资料。见《江苏高邮邵家沟汉代遗址的清理》，《考古》1960年第10期。

（6）1957年7月，甘肃武威磨嘴子6号汉墓出土汉简480枚，以木简居多，竹简较少。其中除11枚为日忌及杂占简外，其余469枚均为《仪礼》简。共有3本：①甲本木简，宽0.75厘米，长55.5～56厘米，约合汉尺二尺四寸，共7篇，分别是《士相见》16简、《服传》57简、《特牲》49简、《少牢》45简、《有司》74简、《燕礼》51简、《泰射》106简，共398简；②乙本木简，宽0.5厘米，长50.05厘米，约合汉尺二尺一寸，只《服传》一篇37简；③丙本竹简，宽0.9厘米，长56.5厘米，约合汉尺二尺四寸，《丧服》一篇34简。

（7）1959年，甘肃武威磨嘴子18号汉墓出土木简10枚，这就是著名的"王杖十简"，记载汉明帝永平十五年（公元72年）幼伯受王杖事。并录有汉成帝

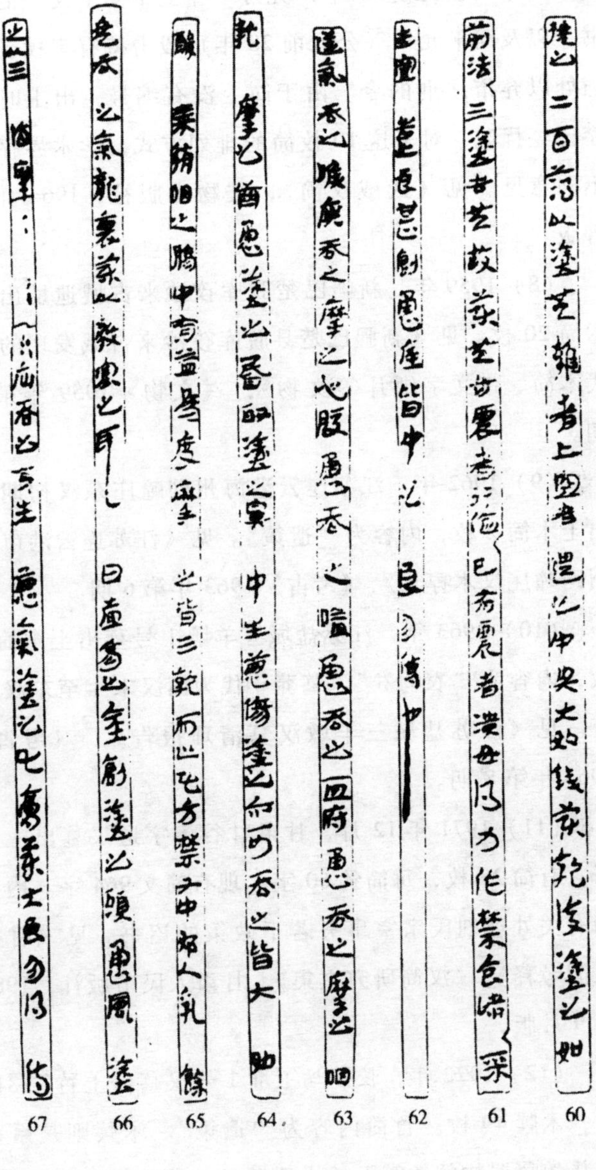

五 历代简牍发现

图 22 武威医简

建始二年（公元前31年）九月"年七十受王杖"的诏书，以及河平元年（公元前28年）殴击持有王杖者应当处以弃市之刑的令。由于简上没有编号，出土时次序已经扰乱，对于这10枚简的排列方式，学术界存在不同意见。见《武威汉简》，文物出版社，1964年9月版。

（8）1959年，新疆巴楚脱库孜沙来古城遗址出土木简20枚。见《新疆巴楚县脱库孜沙来古城发现的古代木简、带文字纸片等文物》，《文物》1959年第7期。

（9）1962年，江苏连云港海州网疃庄东汉初期墓出土木简2枚，内容为"遣策"。见《江苏连云港市海州网疃庄汉木椁墓》，《考古》1963年第6期。

（10）1963年，江苏盐城三羊墩1号墓出土木简1枚，内容为"衣物券"。墓葬年代为西汉末年至东汉初年。见《江苏盐城三羊墩汉墓清理报告》，《考古》1964年第8期。

（11）1971年12月，甘肃甘谷十字道汉墓出土简册，有简23枚，每简约60字，现有简文964字。内容为有关处理刘氏宗室事务若干政策的诏书。见《甘谷汉简考释》，《汉简研究文集》，甘肃人民出版社，1984年9月版．

（12）1972年，长沙马王堆1号汉墓出土竹简312枚，木牍49枚。竹简内容为"遣策"。木牍则是系在盛装随葬器物的竹笥上的木质牌签。这批简牍的发现，对于西汉初年经济生活的研究，提供了极为珍贵的资料。见《长沙马王堆一号汉墓》，文物出版社，1973年10月版。

（13）1972年4月，山东临沂银雀山1号汉墓出土4942枚竹简，另外还有一些汉简残片。内容为《孙子兵法》以及四篇佚文、《孙膑兵法》十六篇、《尉缭子》五篇、《六韬》十四组、《晏子》十六章、《守法守令十三篇》十篇、论政论兵之类五十篇、阴阳时令

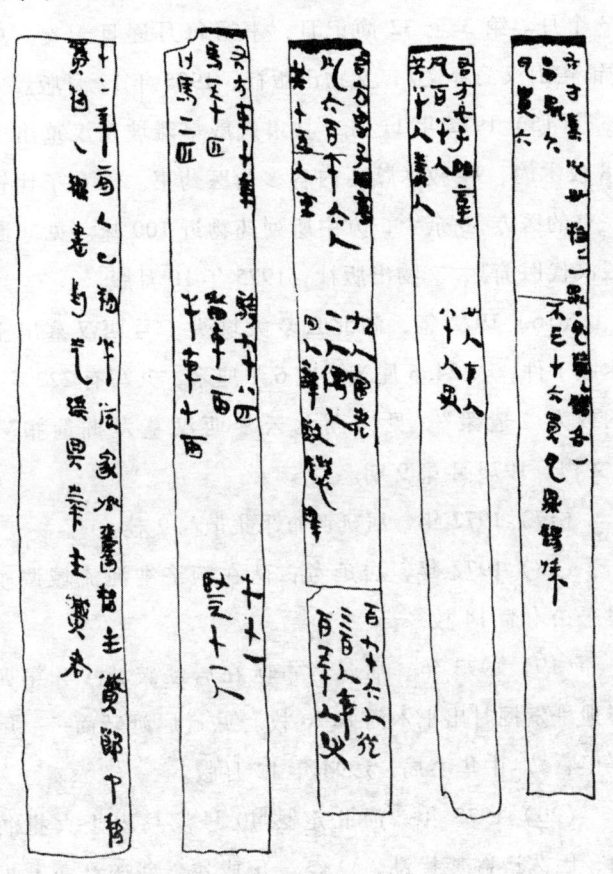

图23　马王堆3号汉墓出土木牍

占候之类十二篇、其他类十三篇。见《银雀山汉简释文》，文物出版社，1985年12月版；《银雀山汉墓竹简》（壹），文物出版社，1985年9月版；《银雀山汉墓竹简》（贰），文物出版社，2010年1月版。

（14）1972年，山东临沂银雀山2号汉墓出土32枚竹简，内容为汉武帝《元光元年历谱》。第1简记年。第2简记月，以十月为岁首，后九月为岁末，共13个月。第3至32简记日，书写每月逐日干支。见《银雀山汉简释文》，文物出版社，1985年12月版。

（15）1972年11月，甘肃武威旱滩坡东汉墓出土78枚木简，14枚木牍，内容多为医药书。保存了比较完整的医方30余个，方中所列药物近100味。见《武威汉代医简》，文物出版社，1975年10月版。

（16）1972年，湖北云梦大坟头1号西汉墓出土木牍1件，长24.6厘米，宽6.1厘米，共写有222字，内容为"遣策"。见《湖北云梦西汉墓发掘简报》，《文物》1973年第9期。

（17）1972年，居延调查采集散简7枚。

（18）1972年，居延考古队在额济纳河流域调查时采拾木简14枚。

（19）1973年，居延考古队在居延破城子和第四燧遗址发掘时出土木简8176枚。见《居延新简——甲渠候官》，中华书局，1994年12月版。

（20）1973年，河北定县40号汉墓出土大批竹简，因久遭盗焚扰乱，已经炭化成块，残碎严重。据整理者介绍，其内容有《论语》、《儒家者言》、《哀公问五义》、《保傅传》、《太公》、《文子》、《六安王朝五凤二年正月起居记》、《日书·占卜》等。见《定县40号汉墓出土竹简简介》，《文物》1981年第8期；《定州汉墓竹简·论语》，文物出版社，1997年7月版。

（21）1973年，江苏海州小礁山西汉霍贺墓出土木牍7件，仅有1件有文字，内容为"遣策"。见《海州西汉霍贺墓清理简报》，《考古》1974年第3期。

（22）1973年，江苏海州小礁山西汉戴盛墓出土木牍1件，见何双全《中国简牍与简牍学研究》，《国际简牍学会会刊》第1号。

（23）1973年12月，江苏连云港海州网疃庄西汉晚期墓出土木牍2枚，内容为"遣策"。见《江苏连云港市海州西汉侍其繇墓》，《考古》1975年第3期。

（24）1973年，湖北光化五座坟3号西汉墓中共出土30枚简牍，其中只有5枚可见墨迹，内容为"遣策"。见《光化五座坟西汉墓》，《考古学报》1976年第2期。

（25）1973年12月，长沙马王堆3号汉墓出土大批简牍，总计608枚，填土中还有一些残简。简牍大致内容分"遣策"和"医书"两部分。"遣策"计竹简402枚，木牍6件。"医书"计竹简190枚，木简10枚。另有楬54枚。出土时分卷成两卷，其中一卷据推测可能与已佚《黄帝外经》有关。见《长沙马王堆二、三号汉墓》第一卷《田野考古发掘报告》，文物出版社，2004年7月版。

（26）1973年，湖北江陵凤凰山8号西汉墓出土竹简175枚，内容为"遣策"。

（27）1973年，湖北江陵凤凰山9号西汉墓出土竹简80枚，木牍3枚，竹简内容为"遣策"。木牍内容，有学者分析说，是安陆守丞绾收到郡中和县中的信牒后所上郡中文书。

（28）1973年，湖北江陵凤凰山10号西汉墓出土竹简170多枚，木牍6枚。内容为田产记录、账目簿册、合作契约等。见《湖北江陵凤凰山西汉墓发掘简报》，《文物》1974年第6期。

（29）1974年，居延考古队在肩水金关遗址发掘时，出土简牍11267枚。见何双全《中国简牍与简牍学研究》，《国际简牍学会会刊》第1号。另有报道说，1972～1974年，居延考古队调查和发掘了居延地区肩水金关、甲渠候官（破城子）、甲渠塞第四燧三处遗址，出土汉简共计19637枚，其中绝大多数是木简。肩水金关遗址出土简牍11577枚。甲渠候官遗址出土简牍已编号的6865枚，尚未编号的近千枚。甲渠塞第四燧遗址出土简牍195枚。见《居延汉代遗址的发掘和新出土的简册文物》，《文物》1978年第1期。

（30）1974年，江苏盱眙东阳7号汉墓出土木牍1件，墨书三行，共32字："王父母范王父母当以此钱自塞祷园山高陵里吴王会稽盐官诸鬼神亦使至祷"。据发掘者分析，"文意似为敬献王父母、诸鬼神的祈祷辞令"。木牍旁散落82枚五铢钱，推测木牍和钱原先是捆缚在一起的。见《江苏盱眙东阳汉墓》，《考古》1979年第5期。

（31）1974年，北京大葆台1号西汉墓出土竹简1枚，墨书"樵中格吴子运"。见《北京大葆台汉墓》，文物出版社，1989年12月版。

（32）1975年，陕西咸阳马泉西汉墓出土竹简3枚。见《陕西咸阳马泉西汉墓》，《考古》1979年第2期。

（33）1975年，湖北江陵凤凰山168号西汉墓出土竹简66枚，竹牍1枚。竹简内容为"遣策"。竹牍上书"江陵丞敢告地下丞"等文字，说明了墓主姓名、身份、入葬时间、随葬品类别数目以及其他有关情况。见《湖北江陵凤凰山168号汉墓发掘简报》，《文物》1975年第9期；《江陵凤凰山一六八号汉墓》，《考古学报》1993年第4期。

（34）1975年，湖北江陵凤凰山167号西汉墓出土竹简74枚。出土时简册保持原状，内容为"遣策"。见《江陵凤凰山167号汉墓发掘简报》，《文物》1976年第10期。

（35）湖北江陵凤凰山169号西汉墓出土一批竹简，内容为"遣策"等。见俞伟超《古史分期问题的考古学观察（一）》，《文物》1981年第5期；陈振裕《从凤凰山简牍看文景时期的农业生产》，《农业考古》1982年第1期。

（36）1976年，广西贵县罗泊湾1号西汉墓出土木简9枚，木牍5件。木简内容为"遣策"。木牍2件完整，3件残损，保存墨书文字的仅3件。其中1件自题"从器志"，是随葬器物的清单。又有1件自题"东阳田器志",内容似乎为收入农具的记录。见《广西贵县罗泊湾汉墓》,文物出版社,1988年8月版。

(37) 1976年,甘肃省文物队在居延卅井候官次东燧遗址采拾到简牍173枚。见《居延新简——甲渠候官》,中华书局,1994年12月版。

(38) 1977年,安徽阜阳双古堆1号汉墓出土竹简6000余枚,内容有《苍颉篇》、《诗经》、《刑德》等。墓主判定为汝阴侯夏侯灶,入葬时间为汉文帝十五年（公元前165年）。见《阜阳双古堆西汉汝阴侯墓发掘简报》,《文物》1978年第8期;《阜阳汉简〈诗经〉研究》,上海古籍出版社,1988年5月版;《阜阳汉简〈周易〉研究：附〈儒家者言〉章题、〈春秋事语〉章题及相关竹简》,上海古籍出版社,2004年7月版。

(39) 1977年8月,甘肃玉门花海汉代烽燧遗址出土木简93枚。其中有无字素简12枚。发现1枚七面棱形觚,书写212字。前半部为诏书抄件,133字。后半部为书信,79字。简文内容还有《苍颉篇》等。见《玉门花海汉代烽燧遗址出土的简牍》,《汉简研究文集》,甘肃人民出版社,1984年9月版;《敦煌汉简》,中华书局,1991年6月版。

(40) 1978年9月,山东临沂金雀山11号汉墓和13号汉墓出土木牍残片8件。据发掘简报记录,"难定准确件数及尺寸,内容隐约可辨,当为'遣策'"。墓葬年代判定为西汉时期。墓主属于周氏家族。见《山东临沂金雀山周氏墓群发掘简报》,《文物》1984年第

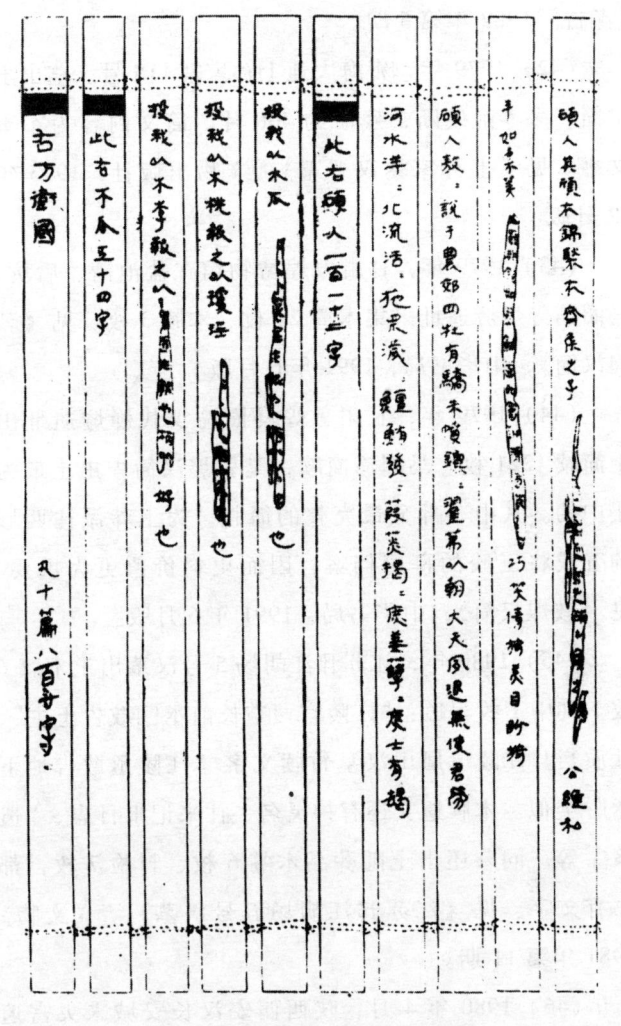

图 24　阜阳汉简《诗经》复原图

11 期。

（41）1978 年，江苏连云港花果山出土汉代木牍 12 件，竹简 1 枚，内容为办理刑事案件的司法文书及历书等。见《江苏连云港市花果山出土的汉代简牍》，

《考古》1982年第5期。

（42）1979年，青海大通上孙家寨115号汉墓出土木简，多零乱残断，残简约400片。简文内容为军事文书。见《上孙家寨汉晋墓》，文物出版社，1993年12月版。

（43）1979年，甘肃敦煌博物馆在盐池湾、后坑、马圈湾等烽燧遗址采集木简22枚、木牍3枚。见《敦煌汉简》，中华书局，1991年6月版。

（44）1979年，甘肃敦煌马圈湾汉代烽燧遗址出土简牍1221枚。马圈湾简牍，是敦煌汉简中出土最为集中的。其中一部分最完整的简牍，为王莽派往西域的五威将王骏的幕府档案，因而史料价值更为重要。见《敦煌汉简》，中华书局，1991年6月版。

（45）1980年，江苏邗江胡场5号汉墓出土木牍6枚。其中1枚写道："广陵宫司空长前丞□敢告土主"，性质当与江陵凤凰山汉墓竹牍文字"江陵丞敢告地下丞"类似。木牍遗文还有神灵名、往来记事日志、"遣策"等。同墓还出土随葬品木签6枚、封检7枚，都书有文字。见《江苏邗江胡场五号汉墓》，《文物》1981年第11期。

（46）1980年4月，陕西西安汉长安城未央宫遗址出土木简115枚。内容涉及医药、人名和记事。见《汉长安城未央宫》，中国大百科全书出版社，1996年11月版。也有学者认为是新莽瑞应的记录。见《未央宫前殿遗址出土王莽简牍校释》，《出土文献研究》第六辑，上海古籍出版社，2004年12月版。

（47）1980年5月，江苏连云港市唐庄高高顶汉墓出土木方1枚，内容为遣策。见《连云港市唐庄高高顶汉墓发掘报告》，《东南文化》1995年第4期。

（48）1980年，新疆楼兰遗址出土佉卢文木牍2枚。见《楼兰新发现的东汉佉卢文考释》，《文物》1988年第8期。

（49）1981年3月，甘肃敦煌酥油土汉代烽燧遗址出土木简76枚。经初步整理，可知内容大致有诏书、律令、檄书、日常屯戍簿册、字书、兵书、历书、私人书信等。见《敦煌酥油土汉代烽燧遗址出土的木简》，《汉简研究文集》，甘肃人民出版社，1984年9月版；《敦煌汉简》，中华书局，1991年6月版。

（50）1981年9月，甘肃武威征集到磨嘴子汉墓出土的"王杖诏书令"木简26枚。见《汉简研究文集》，甘肃人民出版社，1984年9月版。

（51）1982年，甘肃省文物队在居延破城子遗址调查时，采拾到简牍20枚。见《居延新简——甲渠候官》，中华书局，1994年12月版。

（52）1982年，甘肃省文物考古研究所在甲渠第四燧遗址采集到简牍67枚。见《居延新简——甲渠候官》，中华书局，1994年12月版。

（53）1983年4月，江苏扬州平山养殖场3号汉墓出土作为随葬品标签的木牍3枚，分别写有"■大食笥"、"■大集笥"、"■瓠笋一笥"。见《扬州平山养殖场汉墓清理简报》，《文物》1987年第1期。

（54）1983年底至1984年初，湖北江陵张家山

M247、M249、M258 三座汉墓出土大批竹简。其中 M247 出土最多,达 1000 多枚,其他两座墓出土较少,残断也比较严重。仅竹简汉律就有 500 余枚,简文可见《二年律令》、《律令二十□种》、《津关令》等。已经清理出的律名,与睡虎地秦简律名相同的,有金布律、徭律、置吏律、效律、传食律、行书律等;不相同的,有杂律、□市律、均输律、史律、告律、钱律、赐律等。此外,又有《奏谳书》、《盖庐》、《脉书》、《引书》、《算数书》、《日书》,以及历谱和"遣策"等。见《江陵张家山汉简概述》,《文物》1985 年第 1 期;《张家山汉墓竹简(二四七号墓)》,文物出版社,2001 年 11 月版。

(55) 1983 年 12 月,山东临沂金雀山 28 号汉墓出土木牍 1 枚,内容为墓主私事文告。见《山东临沂金雀山九座汉代墓葬》,《文物》1989 年第 1 期。

(56) 1984 年,甘肃武威五坝山 3 号汉墓出土木牍 1 枚,内容为墓主私事文告。见《散见简牍合辑》,文物出版社,1990 年 7 月版。

(57) 1984 年,江苏扬州仪征胥浦 101 号西汉墓出土竹简 17 枚,木牍 2 枚。竹简 16 枚原为 1 册,内容为墓主遗嘱,另 1 枚记赐钱事。木牍 1 为钱物账,1 为衣物账。见《江苏仪征胥浦 101 号西汉墓》,《文物》1987 年第 1 期。

(58) 1985 年,江苏连云港陶湾黄石崖西汉西郭宝墓出土名谒 2 枚、木牍(衣物疏)2 枚、竹简 2 枚。见《连云港市陶湾黄石崖西汉西郭宝墓》,《东南文化》1986年第2期。

（59）1985年，湖北江陵毛家园1号西汉墓出土竹简74枚、木牍1枚，竹简为遣策，木牍自名"碟书"，应为告地书。见《江陵县毛家园一号西汉墓》，《中国考古学年鉴1987》，文物出版社，1988年10月版。

（60）1985年，湖北江陵张家山M127汉墓出土竹简300余枚，内容为《日书》。见《江陵张家山两座汉墓出土大批竹简》，《文物》1992年第9期。

（61）1986年10月，甘肃考古工作者对甘肃金塔地湾遗址（肩水候官）进行了发掘，共出土汉简1000多枚。见《金塔县地湾汉代鄣坞遗址》，《中国考古学年鉴1987》，文物出版社，1988年10月版；《文物考古工作十年》，文物出版社，1991年1月版。

（62）1986～1988年，甘肃敦煌后坑、芦草井、小月牙湖等10处汉代烽燧遗址共出土木简137枚。见《敦煌汉简》，中华书局，1991年6月版。

（63）1987年，湖南张家界古人堤遗址出土简牍90片，时代为东汉，内容有汉律、医方、官府文书、书信及礼物谒、历日表、九九乘法表。见《湖南张家界古人堤遗址与出土简牍概述》，《中国历史文物》2003年第2期。

（64）1988年初发掘的湖北江陵张家山汉墓M136出土了一批竹简，共829枚，内容为《功令》、《盗跖》、《七年质日》、汉律十五种、遣策等七种。见《江陵张家山两座汉墓出土大批竹简》，《文物》1992

年第9期。

（65）1987年、1988年、1989年三次勘察甘肃敦煌悬泉置汉代遗址时，采拾到木简69枚。见《敦煌汉简》，中华书局，1991年6月版。

（66）1989年8月，甘肃武威旱滩坡汉墓出土残简16枚。其年代为东汉初年。这批简虽然数量较少，缺简甚多，但内容都是当时实用的律令条文，因而有补充史籍记载的重要意义。见《甘肃武威旱滩坡东汉墓》，《文物》1993年第10期。

（67）1990年，甘肃敦煌悬泉置汉代遗址第一次正式发掘出土简牍12000余枚。

（68）1990年4月，甘肃敦煌清水沟汉代烽燧遗址发现历谱简1册27枚及散简14枚。见《敦煌清水沟汉代烽燧遗址出土文物调查及汉简考释》，《简帛研究》第2辑，法律出版社，1996年9月版。

（69）1991年，甘肃敦煌悬泉置汉代遗址第二次正式发掘出土简牍2000余枚。见《汉悬泉置遗址发掘获重大收获》，1992年1月5日《中国文物报》。

（70）1992年，甘肃敦煌悬泉置汉代遗址第三次正式发掘，在北部灰区及东部遗址出土简牍1000余枚。见何双全《中国简牍与简牍学研究》，《国际简牍学会会刊》第1号；《甘肃敦煌汉代悬泉置遗址发掘简报》，《文物》2000年第5期；《敦煌悬泉汉简释粹》，上海古籍出版社，2001年8月版。

（71）1992年，湖北江陵高台18号汉墓出土木牍4件，为告地书，6号汉墓出土竹简53枚，为遣策。

见《荆州高台秦汉墓》，科学出版社，2000年3月版。

（72）1992年11月，湖北荆州沙市区萧家草场26号汉墓出土竹简35枚，为遣策。见《关沮秦汉墓简牍》，中华书局，2001年8月版。

（73）1993年2月，江苏连云港东海尹湾汉墓出土木牍24枚、竹简133枚。见《尹湾汉墓简牍》，中华书局，1997年9月版。

（74）1993年，湖南长沙望城坡西汉渔阳墓出土木楬、签牌、封泥匣100余枚。见《湖南长沙望城坡西汉渔阳墓发掘简报》，《文物》2010年第4期。

（75）1997年5～6月，湖南长沙五一广场科文大厦基建工地J3、J4、J5、J18、J21、J25六座东汉古井共出土200余枚木简。其内容大体可分为官府文书、名刺和习字简。见《中国考古学年鉴1998》，文物出版社，2000年9月版。

（76）1999年6～9月，湖南沅陵城关镇虎溪山1号汉墓出土竹简1336枚（段），推测原有完整简800枚。内容为黄簿、《阎氏五胜》和《美食方》。见《沅陵城关镇虎溪山一号汉墓发掘简报》，《文物》2003年第1期。

（77）1999～2002年，内蒙古考古工作者对额济纳旗居延遗址甲渠第七燧、第九燧、第十四燧、第十六燧、第十七燧、第十八燧及察干川吉烽燧的调查和发掘，获得了近500枚汉简。见《额济纳汉简》，广西师范大学出版社，2005年3月版。

（78）2000年，湖北随州孔家坡砖瓦厂西汉墓M8

出土竹简780余枚，内容为《日书》和《历日》。木牍4枚，3枚无字，有字者为《告地书》。见《随州孔家坡汉墓简牍》，文物出版社，2006年6月版。

（79）2000年5月，出土于甘肃武都琵琶乡赵坪村出土汉代木简12枚，后被陕西历史博物馆征集。内容为屯戍类简。见《陕西历史博物馆藏武都汉简》，《文物》2003年第4期。

（80）2001年8月，陕西西安杜陵陵区的一座汉墓出土了1枚木牍，共约177字。内容为《日书》，与睡虎地秦简《日书》"农事篇"相近。见《西安杜陵汉牍〈日书〉农事篇考辨》，《陕西历史博物馆馆刊》第九辑，三秦出版社，2002年7月版。

（81）香港中文大学文物馆历年入藏简牍共259枚，其中有西汉《日书》简109枚、遣策11枚、奴婢廪食粟出入簿简牍69枚、"河堤"简26枚、东汉"序宁"简14枚。见《香港中文大学文物馆藏简牍》，香港中文大学文物馆，2001年。

（82）2002年11月至2003年1月，江苏泗阳大青墩西汉泗水王冢出土数十枚木牍，内容为遣策。见《泗水县大青墩汉墓》，《中国考古学年鉴2003》，文物出版社，2004年8月版。

（83）2002年1月至2004年1月，湖北荆州岳桥印台墓地9座西汉墓出土竹木简2300余枚，木牍60余方。内容分为文书、卒簿、历谱、编年记、日书、律令以及遣策、器籍、告地书等。见《印台墓地出土大批西汉简牍》，《荆州重要考古发现》，文物出版社，

2009年1月版。

（84）2003年6月，甘肃安西县九墩湾汉代烽燧遗址出土木简33枚、竹简2枚。见《泗水县大青墩汉墓》，《中国考古学年鉴2004》，文物出版社，2005年8月版。

（85）2003年，湖南长沙走马楼街东侧J8发现2000余枚西汉简牍，内容大多为西汉武帝长沙国刘发之子刘庸时期的官府文书，小部分为私人文书。见《长沙出土的简牍及相关考察》，《简帛研究2006》，广西师范大学出版社，2008年11月版。

（86）2004年5～6月，湖南长沙东牌楼J7出土426枚木质简牍，其中206枚有字，220枚无字。按形制可分为简、牍、封检、名刺、签牌和异形简。时代为东汉灵帝。内容主要属于长沙郡和临湘县通过邮亭收发的公私文书。见《长沙东牌楼东汉简牍》，文物出版社，2006年4月版。

（87）2004年11月，安徽天长安乐镇纪庄19号西汉墓出土木牍34枚。内容有户口簿、算簿、书信、木刺、药方、礼单等。见《安徽天长西汉墓发掘简报》，《文物》2006年第11期。

（88）2004年底，湖北荆州市荆州区纪南镇松柏村汉墓出土木牍63枚、木简10枚。其中6枚木牍无字。木牍的内容有遣书、各类簿册、叶（牒）书、令、历谱、周偃的功劳记录和汉景帝至汉武帝时期周偃的升迁记录及升调文书等公文抄件。木简为与木牍内容有关的标题。见《湖北荆州纪南松柏汉墓发掘简报》，

《文物》2008年第4期。

（89）2004年11月至2005年1月，广东广州南越国宫署遗址J264出土木简100余枚，内容主要是簿籍和法律文书。见《广州市南越国宫署遗址西汉木简发掘简报》，《考古》2006年第3期。

（90）2006年11月，湖北云梦睡虎地77号汉墓出土一竹笥，竹笥内盛满简牍。简、牍分别成卷、成束纵向叠放于竹笥内，经清理共有2137枚。竹简的主要内容为质日、日书、书籍、算术、法律五大类。牍分竹木两种，内容为司法文书和簿籍，时代为文帝末年至景帝时期。见《湖北云梦睡虎地M77发掘简报》，《江汉考古》2008年第4期。

（91）2007年，湖北荆州沙市区关沮乡清河村谢家桥1号汉墓出土保存极佳的竹简208枚、竹牍3枚。竹简内容为遣策，竹牍为告地书。根据告地书的纪年，可知该墓的下葬年代为西汉吕后五年（公元前184年）。见《湖北荆州谢家桥一号汉墓发掘简报》，《文物》2009年第4期。

（92）2008年8~10月，甘肃永昌水泉子5号汉墓出土木简1400余枚（片），其中较完整的有700多枚。内容大致分为字书（七言本《苍颉篇》）和日书。七言本《苍颉篇》为首次发现，改变了人们对于《苍颉篇》的固有认识，对于秦汉小学研究和七言韵文的起源，均有重要的学术价值。见《甘肃永昌水泉子汉墓发掘简报》，《水泉子汉简初识》，均载《文物》2009年第10期。

（93）2009年初，北京大学接收捐赠的一批从海外回归的西汉竹书。11月5日，北京大学举行"北京大学藏西汉竹书情况通报暨座谈会"，正式公布了这批汉简的情况。这批简共3346号，其中完整简为1600余枚，估计经拼复后，完整简当在2300枚以上。主要内容为书籍，有《苍颉篇》、《老子》、《周训》、《赵正书》、《妄稽》、《日书》和医书等，其中《周训》、《赵正书》和《妄稽》等均为首次发现。这批竹书的抄写年代大致在汉武帝时期。见《北京大学收藏珍贵西汉竹书多项首次面世典籍照亮中华灿烂文明》，2009年11月6日《光明日报》。

（94）2010年6月22日，湖南长沙地铁2号线五一广场站东南侧的地下水管改造工程中发现一口埋藏有大量简牍的古井（窖），简牍有竹简和木简两类。其中木简较完整的约2000枚，形制有大木简、木牍、封检、签牌等。此外还出土了大批竹简和木简残片。因发掘时采用了整块或局部整体提取的方法，目前大多尚未清洗揭剥，总数难于统计。初步判断为东汉时期长沙郡或临湘县的官方文书档案。见《长沙五一广场出土大批东汉简牍》，2011年2月11日《中国文物报》。

汉代简牍的发现，数量最为集中，内容也最为丰富。有许多资料至今尚待整理发表。许多已经发表的资料，也有待于进行进一步深入的研究。

D. 魏晋六朝时期简牍

（1）1991年4月，甘肃武威凉州区新华乡红崖支渠古墓出土木牍1枚，为衣物疏。其中有曹魏"青龙四年"的纪年。见《甘肃省近年来新出土三国两晋简帛综述》，《西北师大学报》（社会科学版）2007年第5期。

（2）1996年7~11月，湖南长沙走马楼出土数量据说在9万枚以上的三国吴简。见《长沙走马楼三国吴简·嘉禾吏民田家莂》，文物出版社，1999年9月版；《长沙走马楼三国吴简·竹简》（壹）~（叁），文物出版社，2003年10月版至2008年1月版。

（3）1978年11月，安徽南陵麻桥公社东风大队2号东吴墓出土1枚木牍，3号东吴墓出土2枚木牍，均为遣策。见《安徽南陵县麻桥东吴墓》，《考古》1984年第11期。

（4）1979年6月，江西南昌阳明路中段南侧清理的东吴高荣墓，出土木简21枚，木牍2件。木简长24.5厘米，宽3.5厘米，厚1厘米，内容完全相同，文曰："弟子高荣再拜，问起居，沛国相字万绶。"木牍的内容为"遣策"。见《江西南昌市东吴高荣墓的发掘》，《考古》1980年第3期。

（5）1980年代初，湖北鄂城鄂城水泥厂1号东吴墓出土木质"名刺"6枚。见《湖北鄂城四座吴墓发掘报告》，《考古》1982年第3期。

（6）1984年，安徽马鞍山雨山东吴朱然墓出土了作用类似于后世名片的木质"名刺"共17枚。长度均为24.8厘米，一种宽3.4厘米，厚0.6厘米，计14枚，书写形式为：①"弟子朱然再拜，问起居，字义封",②"故鄣朱然再拜,问起居,字义封",③"丹杨朱然再拜,问起居,字义封"。一种宽9.5厘米,厚3.4厘米,计3枚,顶端中央墨书一"谒"字,其右书"□节右军师左大司马当阳侯朱然再拜"。见《安徽马鞍山东吴朱然墓发掘简报》,《文物》1986年第3期。

（7）1993年3~4月,湖北鄂州滨湖西路东吴1号、2号砖室墓出土了名刺和遣册,具体数量不详。见《鄂州市滨湖西路吴墓》,《中国考古学年鉴1994》,文物出版社,1997年1月版。

（8）2003年12月,湖南郴州苏仙桥4号古井清理出吴简140枚（含残片）,内容可分为簿籍、书信（文书）、记事（纪年）、习字等。见《湖南郴州苏仙桥J4三国吴简》,《出土文献研究》第七辑,上海古籍出版社,2005年11月版。

（9）2004年12月,南京大光路孙吴薛秋墓出土木名刺5枚。见《南京大光路孙吴薛秋墓发掘简报》,《文物》2008年第3期。

（10）1954年4月,湖北武昌任家湾清理的一座古墓中出土木简3枚,其中1枚隶书:"道士郑丑再拜……"见《武昌任家湾六朝初期墓葬清理简报》,《文物参考资料》1955年第12期。

（11）1966~1969年,新疆吐鲁番阿斯塔那53号墓出土木简1枚,有晋武帝"泰始九年"纪年。见《吐鲁番县阿斯塔那—哈拉和卓古墓群清理简报》,《文物》1972年第1期。

（12）2004年2月，湖南郴州苏仙桥10号古井出土简牍909枚（含残简），大部分为木简，仅有2枚竹简。其内容为西晋桂阳郡郡府的文书档案，涉及桂阳郡及所辖县概括、地理、道路邮驿、政府建筑物登记、诏书政令和桂阳郡上奏文书、人口、土地、物产、赋税、矿产、祭祀、改火和人文掌故等，内容十分丰富。见《湖南郴州苏仙桥遗址发掘简报》，《湖南考古辑刊》第八集，岳麓书社，2009年12月版。

（13）1974年3月，江西南昌永外正街1号晋墓出土木刺5枚、木牍1枚。木简长25.3厘米，宽3厘米，厚0.6厘米，性质均为木质"名刺"。木牍内容则为"遣策"。见《江西南昌晋墓》，《考古》1974年第6期。

（14）1980年4月，新疆古楼兰遗址出土魏晋木简63枚，为屯戍文书。见《楼兰新发现木简纸文书考释》，《文物》1988年第7期。

（15）1985年，甘肃武威旱滩坡19号晋墓出土木牍5枚。据分析，木牍内容为墓主身份职务记事和随葬品清单。见《散见简牍合辑》，文物出版社，1990年7月版。

（16）1986年，甘肃张掖高台常封晋墓出土木牍1枚，已残断为3片。见《散见简牍合辑》，文物出版社，1990年7月版。

（17）1990年代，甘肃高台许三湾古墓出土木牍1枚，内容为"道家为死者入葬之咒文"。其上有"建兴八年"的纪年，为前凉政权沿用西晋愍帝的年号。

（18）1990年代，甘肃高台骆驼城附近墓葬出土木牍1枚，内容似为道士的祭文。其上有"建兴十七年"的纪年，为前凉政权沿用西晋之年号。

（19）21世纪初，甘肃高台骆驼城附近墓葬出土木牍1枚，内容为"告黄泉书"。其上有"建兴廿四年"的纪年，为前凉政权沿用西晋之年号。见《甘肃省近年来新出土三国两晋简帛综述》，《西北师大学报》（社会科学版）2007年第5期。

（20）香港中文大学文物馆历年入藏简牍共259枚，其中有东晋"松人"木牍1枚，其上有"建兴廿八年"的纪年。见《香港中文大学文物馆藏简牍》，香港中文大学文物馆，2001年。

（21）21世纪初，甘肃高台许三湾古墓出土木牍1枚，内容为"冥告文书"。其上有"建元十四年"的纪年，为前凉政权沿用东晋康帝之年号。

（22）1991年以来，甘肃武威凉州区新华乡古墓葬共发现木牍4枚，其中升平十二年木牍2枚，升平十三年木牍2枚。内容为衣物疏和道家咒文。升平纪年为前凉沿用东晋穆帝的年号。见《甘肃省近年来新出土三国两晋简帛综述》，《西北师大学报》（社会科学版）2007年第5期。

（23）1991年，甘肃高台骆驼城南墓葬5号晋墓出土木牍1枚，为衣物疏。其中有"升平十三年"的纪年。见《甘肃高台县骆驼城墓葬的发掘》，《考古》2003年第6期。

（24）1997年9月，江西南昌火车站3号东晋出土木牍1枚、名刺2枚，木牍为衣物疏，其上有东晋穆帝“永和八年”的纪年。见《南昌火车站东晋墓葬群发掘简报》，《文物》2001年第2期。

（25）2002年5~6月，甘肃玉门花海毕家滩墓地出土前凉、西凉和后凉时期的衣物疏9枚。见《花海毕家滩魏晋时期墓葬》，《中国考古学年鉴2003》，文物出版社，2004年8月版。

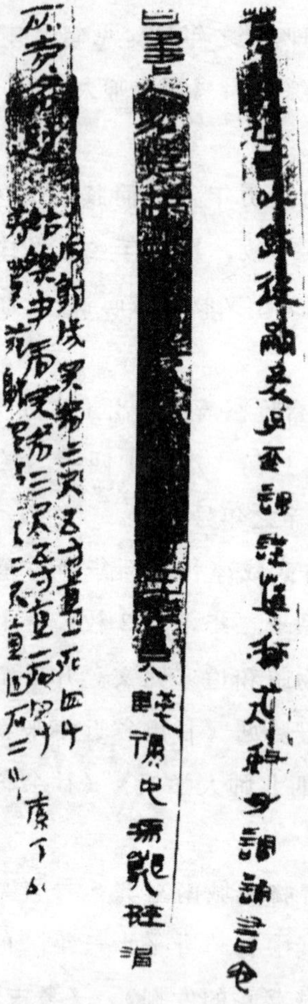

17A　15　12A

图25　玉门花海出土汉简

除走马楼吴简、苏仙桥晋简以外，其他魏晋六朝时期的简牍资料数量有限，有些已经演变成为所谓的“名刺”，与前代主要是文书性质的简牍资料文字内容已有所不同。

E. 唐宋时期简牍

（1）1959年，新疆巴楚脱库孜沙来古城遗址出土有文字的古代简牍29枚。见《新疆巴楚县脱库孜沙来古城发现的古代木简、带文字纸片等文物》，《文物》1959年第7期。

（2）1959年10月，新疆米兰古城遗址出土吐蕃简牍计 225 枚。见《诺羌米兰古城新发现的文物》，《文物》1960 年第 8、9 期合刊。

（3）1973 年，新疆米兰地区发掘的吐蕃古戍堡遗址出土了大批吐蕃文木简。见《新疆出土文物中关于我国兄弟民族的历史文化》，《新疆历史论文集》，新疆人民出版社，1977 年 12 月版。

（4）1970 年代在甘肃武威收集到唐代木牍 2 枚，内容为咒语和发愿文书，未发表，藏武威市博物馆。见何双全《中国简牍与简牍学研究》，《国际简牍学会会刊》第 1 号。

（5）1972 年，甘肃武威小西岘沟采集到 1 枚西夏文木简。见《甘肃武威出土西夏文木简文书》，《考古》1974 年第 3 期。

（6）甘肃武威地区征集到西夏文木牍 6 枚，未发表，分藏甘肃省博物馆和武威市博物馆。见何双全《中国简牍与简牍学研究》，《国际简牍学会会刊》第 1 号。

晚世简牍资料多出土于边远地区。这些发现，对于研究我们民族文化的历史构成，有相当重要的意义。

六 简牍研究的历史进步

历代简牍的重要发现，都对学术发展有着相当深远的影响。

学术发展的需求，同时又促进着简牍研究的不断深入。

随着文化史的进步，简牍学作为一门逐渐走向成熟的学科，在学术研究领域已经具备了越来越坚实的科学基础。

古人对前代简牍的认识与早期简牍研究

简牍作为纸以前通行的书写材料，其实是当时最主要的文化载体之一。不过，简牍的重要价值，长期以来并没有受到普遍的重视。历代盗墓的人常常在盗取金玉宝器时，燃烧简牍以为照明方式，就说明一般人根本不知道这种特殊的文物，实际上具有更珍贵的无价的文化意义。

在这种情况下，只有有限的前代简牍资料在发现后得以存留，也只有有限的社会重视这种发现，只有有限的学者从事过简牍资料的研究。

汉武帝时代孔壁藏经发现之后，由孔子的后人、当时著名学者孔安国辨识整理。他在其中整理出数十种前代书籍，并且发现，孔壁中《尚书》（后称《古文尚书》）与当时通行的《尚书》（后称《今文尚书》）多有不同。据《汉书·艺文志》记载，《今文尚书》为二十九篇，孔安国将二者进行比较考核，而《古文尚书》竟然"得多十六篇"。

孔安国是汉武帝时博士，《汉书·儒林传·孔安国》说，司马迁也曾经"从安国问故"，也就是向他请教历史知识。又说，"迁书载《尧典》、《禹贡》、《洪范》、《微子》、《金縢》诸篇，多古文说"。就是说，司马迁的著作中，有关《尚书·尧典》、《禹贡》、《洪范》、《微子》、《金縢》等篇的内容，都遵从孔安国所传授的《古文尚书》的说法。

孔安国可以称得上是我们现在所知道的最早的简牍研究学者。

后来，西汉著名学者、杰出的文献典籍研究专家刘向又将孔壁所发现的《尚书》和当时通行的若干《尚书》版本进行核校：

> 刘向以中古文校欧阳、大小夏侯三家经文，《酒诰》脱简一，《召诰》脱简二。率简二十五字者，亦脱二十五字。简二十二字者，亦脱二十二字。文字异者七百有余，脱字数十。

"欧阳"和"大小夏侯",即欧阳生、夏侯胜、夏侯建,是汉宣帝时"立于学官",也就是成为正统学派的三家《尚书》传人。《汉书·艺文志》中关于"欧阳、大小夏侯三家"《尚书》学的专著,列有:

《经》二十九卷。大小夏侯二家。《欧阳经》〔三〕十二卷。

《欧阳章句》三十一卷。

《大小夏侯章句》各二十九卷。

《大小夏侯解故》各二十九卷。

《欧阳说义》二篇。

刘向用孔壁中《古文尚书》逐字逐句和"欧阳、大小夏侯三家"所传授的《今文尚书》核对,可知《酒诰》篇遗脱一枚简,《召诰》篇遗脱两枚简。于是每枚简原来书写二十五字的,就脱漏了二十五字。每枚简原来书写二十二字的,就脱漏了二十二字。他发现文字相互有所不同的,共有七百多处,脱写的字有数十个。

刘向也是早期简牍研究的开创者之一。

汲冢遗书发现之后,晋王朝为整理这批简牍图书,曾经组织了一个进行集体研究的班子。其中包括当时一些最著名的学者,如束皙、荀勖、和峤、傅瓒、卫恒、王庭坚等。《晋书·束皙传》说:

初发冢者烧策照取宝物,及官收之,多烬简

断札，文既短缺，不复诠次。武帝以其书付秘书校缀次第，寻考指归，而以今文写之。

因为盗墓者燃烧简册用以照明，等到官府收纳这些简牍资料时，已经多为烧剩下的残断简札，文句大都残缺，难以理解了。晋武帝于是把这批简牍图书交付皇家秘书部门，安排他们整理研究，因为原书用战国文字书写，为"漆书，皆科斗字"，还要全部用当时社会所通行的"今文"抄清。束晳以"好学不倦"，"博学多闻"著名，当时即以"佐著作郎"的身份参与了这批书籍的整理研究，"随疑分释，皆有义证"，于是升迁为尚书郎。

据《晋书·王接传》记载，"时秘书丞卫恒考正汲冢书，未讫而遭难。佐著作郎束晳述而成之，事多证异义"。王庭坚曾经对他的某些观点提出驳难，束晳又予以辩说，而当时王庭坚已经去世。散骑侍郎潘滔对王接说，你"才学理议"，足以评判这两位学者的纷争，不妨"试论之"。王接于是详细评论其相互得失。据说当时著名的"博物多闻"的学者挚虞和谢衡，都以为王接的论点"允当"。

看来，汲冢简牍遗书的整理和研究，一时曾成为学界所共同关注的热点。

而这一课题，还曾经极显著地活跃了当时的学术空气。

有人在嵩高山下得到一枚竹简，"上两行科斗书"，相互传示，没有人能够识读。《博物志》的作者司空张

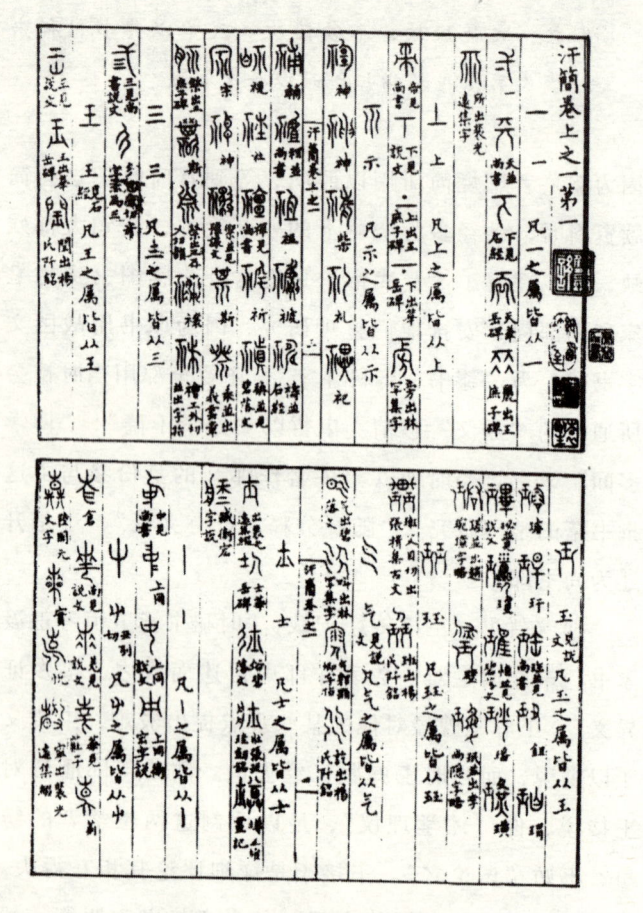

图26 《汗简》明冯舒本书影

华以此询问束皙，束皙回答说，"这是汉明帝显节陵中的策文"。后来经过检验果然证实了他的这一说法，于是当时人都佩服他的"博识"。

南朝齐高帝建元初年，又曾出土一批所谓"竹简书，青丝编"。后来有人请抚军将军王僧虔鉴定，王僧虔认为是"科斗书《考工记》，《周官》所阙文也"。

王僧虔南朝宋顺帝昇明年间曾经任秘书郎、尚书令,《南齐书·王僧虔传》说他"好文史","善隶书",《南史·王僧虔传》说他"文情鸿丽,学解深拔",他的简牍学知识,也被看做他博学强识的例证之一。

两晋南北朝时期这两个辨识"科斗书"的故事,都说明识读前代简牍文字的能力,曾经被作为判定其学术水平的重要标尺。

"科斗书",又写作"蝌蚪书",历来以为是时人已经难以辨识的古文字。《尚书序》写道:"至鲁共王好治宫室,坏孔子旧宅以广其居,于壁中得先人所藏古人虞、夏、商、周之书,及传《论语》《孝经》,皆科斗文字。"《西京杂记》卷四也有这样的记载:滕公掘地得石椁,上有铭文,"文字皆古异,左右莫能知",于是求教于叔孙通,叔孙通说:"科斗书也。"

苏轼《谢曹子方惠新茶》诗中有"囊简久藏科斗字"的诗句。又《石鼓歌》:"忆昔周宣歌《鸿雁》,当时籀史变蝌蚪。"又如梅尧臣的《观王介夫蒙亭记因记题蒙亭》诗也有"床头龙唇琴,案上科斗籍"句。陆游《作盆池养科斗数十戏作》诗也写道:"未听两部鼓吹乐,且看一编科斗书。"他们都把"科斗字"、"科斗书"看作先古不可辨识的神秘文字。

北宋初年,博通小学,据说"传识古文科斗字"首屈一指的著名学者郭忠恕,写了一部集释当时所见古文字体的书籍《汗简》。他集释的这种所谓"古文",其实是汉代人对小篆以前的古文字的笼统的称谓。而汉代和汉代以后的人们所认识的这种文字,实际上是来源于战国时期以简牍和帛书,特别是以简牍为主要形式的图书。书名"汗简",就是取典于古代文字著述所谓"杀青书简",说明作者本来就强调了古文的来源,是古代用以书写简牍的文字。《宋史·文苑列传四·郭忠恕》记载,郭忠恕"工篆籀",北周时,曾经任国子书学博士,宋太宗当政时,又曾授国子监主簿,主持"刊定历代字书",此外,"所定《古文尚书》并《释文》并行于世",他于是对于简牍文字的研究,具备了必要的学术基点。《汗简》一书,虽然并不一定直接以简牍文字作为基础,但是这部书仍然可以看作当时学界已经予简牍研究以相当重视的体现之一。

宋代的一次简牍发现,即上文已经说到的宋徽宗时代陕西出土的竹木简牍,其中记录了汉安帝永初二年(公元108年)关于征讨羌人部族的军事文书。南宋黄伯思《东观余论》卷上以及赵彦卫《云麓漫钞》卷七都讨论了这一简牍资料,在对简文进行分析之后,都指出其"讨羌岁月与史不合",无疑证实了史籍记载的错误。这一观点,也说明当时学者进行简牍研究时实事求是的态度。

简牍发现与 20 世纪历史学的进步

19 世纪末到 20 世纪初,简牍资料的大量发现,为历史研究,特别是以简牍作为主要书写材料的汉代历史的研究,开拓了空前广阔的前景。

斯文·赫定在楼兰古城的简牍发现，被认为"给中亚的上古史，投下新的意想不到的光辉"。德国学者孔拉第说，这座小城，本身就是"一页紧张世界史的纪念碑"。他还评论说，楼兰简牍文书，是"一首田园诗，一幅世情画——但却是在世界史伟大而阴暗的后台上"。斯文·赫定在楼兰获得的文书，1920年由孔拉第以《斯文·赫定在楼兰发现的汉文写本及零星物品》为题公布。

斯坦因在楼兰、尼雅以及敦煌所获文书的陆续发表，前后历时50年之久。1905年，沙畹教授在《亚洲人杂志》上发表了斯坦因第一次中亚考察所获文书的研究成果。1907年，写出《丹丹乌里克、尼雅、安迪尔发现的汉文文书》，附在斯坦因的《古代和阗——中国土耳其斯坦考古调查详尽报告》中出版。1913年，沙畹又公布了斯坦因第二次中亚考察所获文书，题名《斯坦因在东土耳其斯坦沙漠中所获汉文文书》。沙畹教授1917年去世，斯坦因第三次中亚考察所获文书由其弟子马伯乐整理，在1953年，即马伯乐去世8年之后出版，题为《斯坦因第三次中亚探险所获文书》。

《斯坦因在东土耳其斯坦沙漠中所获汉文文书》中所发表的敦煌汉简，对于研究汉代敦煌地区的军事生活和社会状况提供了直接的资料。中国学者罗振玉和王国维于1914年完成的震惊国内外学术界的名著《流沙坠简》以及此后发表的一系列论文，都是在对这批简牍文书进行研究的基础上发表的。

沙畹以出土地点对简牍进行分类，《流沙坠简》则以简牍文书的内容进行分类。《流沙坠简》全书分为三部分：①小学术数方技书考释；②屯戍丛残考释；③简牍遗文考释。第一部分和第三部分由罗振玉执笔，第二部分由王国维执笔。

王国维的《屯戍丛残考释》又分为6个小类，即：①簿书；②烽燧；③戍役；④廪给；⑤器物；⑥杂事。

罗振玉和王国维在《流沙坠简》已经完成大半时，"始得读斯坦因博士纪行之书"，才知道其中简牍编号有标明出土地点的意义，准备将有关考虑融合进考释之中，"而写定已过半矣"。于是又作《流沙坠简补遗》，收入斯坦因在尼雅所获文书，又附①李柏文书，②烽燧表。

《流沙坠简》是罗振玉和王国维侨居日本时，写信给沙畹索要敦煌木简照片，得到沙畹书的校正本后，"握椠逾月，才粗具条理"，在看不到实物，又无法全面掌握有关资料的艰苦条件下写成的。《流沙坠简》和此后写出的一批研究汉代制度和西北史地的论文，运用全新的方法，开拓了历史学研究的全新的领域。

王国维先生的研究，是考古学与历史学结合的开创性的研究。他提出的"二重证据法"，就是以地下实物资料和历史文献资料互相印证的方法，对近代史学的进步有重要的影响。《流沙坠简》这部书，就是运用这种研究方法的实践成果之一。

《流沙坠简》一书在国内外学术界都引起了极大的反响。国外学者称赞这是清代考据学成就在简牍研究方面的杰出体现。鲁迅先生在《不懂的音译》一文中曾经这样写道:"中国有一部《流沙坠简》,印了将有十年了。要谈国学,那才可以算一种研究国学的书。开首有一篇长序,是王国维先生做的。要谈国学,他才可以算一个研究国学的人物。"(《热风》,《鲁迅全集》第17卷)

《流沙坠简》一书,1993年又由中华书局重新印行。

由于时代观念的局限和所见资料的局限,《流沙坠简》中的一些学术见解不断为后人补正。然而正是在《流沙坠简》所奠定的研究基础上,才有贺昌群的《流沙坠简校补》、《流沙坠简补正》,陈直的《汉晋木简考略》、《敦煌汉简释文平议》,劳榦的《敦煌汉简校文》,陈槃的《汉晋遗简识小七种》,方诗铭的《敦煌汉简校文补证》,大庭脩的《敦煌汉简释文和校正》,李均明的《流沙坠简释文补正》,何双全的《敦煌汉简释文补正》等一系列研究成果的完成。

留法学者张凤曾经和马伯乐合作整理过斯坦因第三次中亚考察所得到的简牍文书。他回国后,于1931年应国内一些学者的要求,将所掌握的斯坦因第二次、第三次中亚考察所获简牍资料整理出版,题为《汉晋西陲木简汇编》。

《汉晋西陲木简汇编》一书的刊行,使我国学者较正式报告发表提前20多年接触到斯坦因第三次中亚考察所得简牍文书。

黄文弼先生1928年至1930年所获简牍,是近代以来我国学者第一次发现的简牍,也是我国学者首次亲自参加田野考古发掘的收获。在条件极为困难的情况下，他完成了《罗布淖尔考古记》一书，在 1948 年出版。书中发表了他发现的 71 枚简牍。

《罗布淖尔考古记》一书分四篇，第四篇以"木简考释"为题，又分为 9 个专题：①释官；②释地；③释历；④释屯戍；⑤释廪给；⑥释器物；⑦释古籍；⑧杂释；⑨简牍制度及书写。

黄文弼先生发现的汉简，是新疆地区出土的汉通西域以后年代最早的简牍资料。陈直先生根据"己未立春伏地再拜八月十三日请卿辱使幸幸大岁在酉在初伏问初伏门"（26）简文，推定其年代为汉昭帝始元二年（公元前 85 年）。他在《六十年来我国发现竹木简概述》一文中还指出，这批资料中，"各简比敦煌所出的时代单纯，比居延所出的时代较短，但可贵的是西汉中晚期一段边陲史料，引用时有它的时代正确性"。

1930 年居延汉简的出土，一时轰动了中外学术界。

这批汉简的整理和研究，起初有瑞典学者高本汉、法国学者伯希和、中国学者马衡、刘半农等参与，后来参加工作的，还有劳榦、向达以及贺昌群等。

劳榦先生在极其艰苦的条件下，克服种种困难，1943 年在四川南溪石印出版了《居延汉简考释·释文之部》，1944 年出版了《居延汉简考释·考证之部》，1946 年又出版了《居延汉简考证补证》以及一系列论文。

居延汉简的发现，使学术界看到了出土数量、集中程度和文化价值都达到空前水平的简牍资料，于是极有力地推动了简牍研究的进一步深入。有越来越多的学者开始注意到简牍资料的珍贵，并且逐步运用简牍资料与文献记载相结合的方法进行综合研究，以推动历史研究的进步。

劳榦先生在《居延汉简·图版之部》1984年再版序言中谈到居延汉简的学术意义的一段话，大致可以体现学术界的共识："它和敦煌汉简相同，都属于我国边塞上的记录，还牵涉到政治、经济和一般生活问题。这些记录有的是琐细而无关宏旨，有些却非常重要；有的可补文献上的不足，有的可纠正文献上的错误，或给文献中不明白之处作一个较好的注释。"

居延汉简的研究，使得人们认识中的汉代历史，更为丰富，更为多彩，更为生动，更为真确。

1948年，夏鼐先生发表了在敦煌考察所获48枚汉简。

对于汉武帝时代的"征和"年号，有的学者提出应当为"延和"。《汉书·景武昭宣元成功臣表》确实也有"延和二年"的文字。夏鼐先生根据所得汉简有关文字进行研究，不同意"征和"应为"延和"的说法。

夏鼐先生还根据出土的残断为两片的汉简，发现了一条久已佚失的汉代律令。简文的内容是"□斗以剑刃刺伤正在□""□某所"。历代学者辑录整理的汉代律令，都看不到有关条文。而《唐律疏议》卷二一《斗讼》有"兵刃斫射人"条，律文写道："诸斗以兵刃斫射人，不著者，杖一百。若刃伤，及折人肋，眇

其两目,堕人胎,徒二年。"其实,唐律多承继汉律,汉代识字课本《急就章》第廿七有涉及法律的内容:

> 皋陶造狱法律存,诛罚诈伪劾罪人。
> 廷尉正监承古先,总领烦乱决疑文。
> 斗变杀伤捕伍邻,游徼亭长共杂诊。
> 盗贼系囚榜苔臀,朋党谋败相引牵。
> 欺诬诘状还反真。

其中所谓"斗变杀伤捕伍邻",正与唐《斗讼律》中有关"兵刃斫射人"的内容有一定联系。据夏鼐先生分析,敦煌汉简"□斗以剑刃刺伤正在□""□某所"简文,正说明汉代有这方面的律令,唐律正是以汉律为本。"汉律九章,'斗讼'不列专章,或包括于《杂律》斗部"。

后来出土的居延汉简、敦煌汉简,以及睡虎地秦简、张家山汉简等,也都分别为秦汉史研究的深入提供了重要的条件。大致每有这样的简牍资料发现,都能够使对于秦汉历史文化的认识前进一步。

简牍的科学整理与科学研究

1957年,劳榦先生的《居延汉简·图版之部》在台北出版。三年之后,1960年,他的《居延汉简考释》也得以面世。

1959年,在陈梦家先生主持下,据马衡先生保存的148版图版，计2500多枚简牍，整理出版了《居延汉简甲编》。《甲编》中所收部分简牍，是劳榦的《考释》中所没有的。

以上述这两部书，以及贝格曼去世后由斯德哥尔摩民族学博物馆东洋部部长索马斯特勒姆（Bo Sommarström）整理出版的《内蒙古额济纳河流域考古研究》为依据，内容完整的《居延汉简甲乙编》得以于1980年出版。

《居延汉简甲乙编》的出版，使简牍学研究领域的拓宽得到了新的条件，许多研究者相继发表了有关居延汉简的专著和论文，也有简牍学者对这部书的释文提出了商榷意见。

《居延汉简甲乙编》比过去各种居延汉简的版本都表现出显著的进步，对《居延汉简考释》和《居延汉简甲编》释文中的许多错误有所改正，在其他方面也有许多突出的优点。但是，这部书仍然存在若干缺陷。例如，全部释文中有两千余枚简与原简文字不尽相合。有些简文，《考释》和《甲编》错释、漏释和未释出的，《甲乙编》或因袭旧说而未予补正；有些虽然作了补正，仍然存在错误；也有一些简文，《考释》和《甲编》本来释读正确，《甲乙编》反而改错了。释文是否正确，关系到能否正确理解简文的原有含义。而是不是准确理解简文，对于利用居延汉简进行学术研究至为重要。为了更好地发挥居延汉简的史料价值，谢桂华、李均明、朱国炤三位先生仔细对照不同版本的居延汉简释文，认真研究简文的具体内容，并且尽可能

六　简牍研究的历史进步

地吸取了国内外有关居延汉简的研究成果(如裘锡圭先生的《〈居延汉简甲乙编〉释文商榷》等),出版了《居延汉简释文合校》一书,列入文物出版社的"秦汉魏晋出土文献"系列图书中。

《居延汉简释文合校》一书的出版,为研究者提供了极明显的便利条件。这部书绝不是一般性的简单的释文合编,而实际上本身也是一种研究性成果,其内容体现出作者在简牍学方面坚实的学术基础和深厚的研究功力。

1972~1976年居延考古队调查和发掘所得到的部分简牍资料,在甘肃人民出版社1984年出版的《汉简研究文集》所收论文中,已经可以看到若干有关研究成果。1988年兰州大学出版社出版的《居延新简释粹》(薛英群、何双全、李永良注),又选释了一部分重要的简文。1990年,《居延新简:甲渠候官与第四燧》由文物出版社以"秦汉魏晋出土文献"系列图书之一出版,这部书由甘肃省文物考古研究所、甘肃省博物馆、文化部古文献研究室和中国社会科学院历史研究所合编。作为主要成员参加本书释文工作的,有于豪亮、谢桂华、初世宾、李均明、何双全、朱国炤、任步云等简牍学者。

文物出版社的"秦汉魏晋出土文献"系列图书现在已经出版的数种,都可以称作国内学术界从事简牍科学整理与简牍科学研究的重要成果。如:

(1)《疏勒河流域出土汉简》,林梅村、李均明编,1983年3月版。书中包括《疏勒河流域汉代边塞遗址概述》(一,敦煌郡;二,酒泉郡)、《疏勒河流域出土汉简释文》、《汉简出土地点编号与汉简著录编号一览表》,并附有《疏勒河流域汉代边塞遗址分布图》。

(2)《楼兰尼雅出土文书》,林梅村编,1985年2月版。书中包括《楼兰尼雅遗址概述》(一,楼兰;二,尼雅)、《楼兰尼雅出土文书释文》、《文书出土编号与著录编号一览表》,并附有《楼兰遗址分布图》和《尼雅遗址分布图》。

(3)《银雀山汉简释文》,吴九龙释,1985年12月版。书中介绍了银雀山一、二号汉墓以及银雀山汉简的内容、形制及其学术贡献,在银雀山一号墓竹简释文、银雀山一号墓木牍释文、银雀山二号墓竹简释文之后,有《元光元年历谱》(复原表)。

(4)《居延汉简释文合校》,谢桂华、李均明、朱国炤合校,1987年1月版。在进行释文合校时,又将相应的异文同时注明,以便于读者进行分析比较。书后还附有《原简编号、出土地点、图版页码一览表》。

(5)《沙海古卷:中国所出佉卢文书(初集)》,林梅村编,1988年10月版。中国佉卢文资料包括写有佉卢文的木牍、纸、帛、皮革,以及碑铭、题记和汉文佉卢文二体文字钱币等。其中木牍资料对于研究中亚历史的意义是不宜忽视的。

(6)《居延新简:甲渠候官与第四燧》,甘肃省文物考古研究所、甘肃省博物馆、文化部古文献研究室和中国社会科学院历史研究所合编,1990年7月版。

(7)《散见简牍合辑》,李均明、何双全编,1990

年7月版。编者鉴于除已经整理出版的较为集中的简牍资料而外,"尚有许多散见于各地的简牍,由于每次出土的数量较少,难于单独编纂成书,故其释文及研究成果散见于各种书刊之中,查找甚不方便。而这些对人们研究秦汉魏晋间的政治、经济、文化,仍不失为珍贵的第一手资料",于是收集整理,将零散的资料汇编在一起。编者汇集的简牍资料合计29种,另有一些仅见发表消息和少部分释文的,共15种,也作为附录编入。编者在有简牍原件可资校对的情况下,用原件核对释文。在没有条件据原件核对的情况下,对照简牍照片进行核校。整理过程中,也吸收了历年来许多简牍学研究者的学术成果。

云梦睡虎地秦简出土之后,当时集中了一批著名学者专家进行整理,文物出版社1978年11月有《睡虎地秦墓竹简》平装本出版,不过睡虎地秦简中的《日书》甲种和《日书》乙种当时没有收入。1981年9月出版的《云梦睡虎地秦墓》发表了全部出土竹简的照片和释文。1990年9月出版的《睡虎地秦墓竹简》精装本也将云梦睡虎地11号秦墓出土的10种简牍资料全部收齐,包括全部照片、释文、注释,其中6种并附有语译。

历年来,研究睡虎地秦简的论著已经出版、发表多种,影响较大的,有中华书局编辑部编《云梦秦简研究》(中华书局1981年7月版),饶宗颐、曾宪通《云梦秦简日书研究》(香港中文大学出版社1982年版,又以《云梦睡虎地秦简日书研究》为题,收入《楚地出土文献三种研究》,中华书局1993年8月版)

以及高敏《云梦秦简初探（增订本）》（河南人民出版社1981年7月版）、刘乐贤《睡虎地秦简日书研究》（文津出版社1994年7月版）等。

1978年版《睡虎地秦墓竹简》平装本和1990年版《睡虎地秦墓竹简》精装本均由李学勤先生定稿。

文物出版社于1975年2月出版了《银雀山汉墓竹简〈孙膑兵法〉》，1976年10月出版了《银雀山汉墓竹简〈孙子兵法〉》。1985年出版的银雀山汉墓竹简整理小组编《银雀山汉墓竹简（壹）》，发表了银雀山汉简的部分照片。

中华书局1991年6月出版的《敦煌汉简》，收入了自斯坦因以来8次出土的2485枚简，并附有《敦煌马圈湾汉代烽燧遗址发掘报告》。校释过程中，参考了沙畹、马伯乐、劳榦、夏鼐、大庭脩、林梅村和李均明等简牍学者的释文。

继《居延新简：甲渠候官与第四燧》（文物出版社1990年7月版）收入居延甲渠候官、甲渠塞第四燧出土汉简的释文之后，中华书局又于1994年12月出版了《居延新简：甲渠候官》，除前书收录的资料而外，新公布了卅井候官次东燧出土的汉简，于是，居延甲渠候官、甲渠塞第四燧以及卅井候官次东燧出土汉简的图版和释文全数发表，较前书多247枚简，已发表的释文也尽可能做了订正。

近数十年出版的影响比较大的简牍研究的专著，有陈梦家先生的《汉简缀述》（中华书局1980年12月版）、陈直先生的《居延汉简研究》（天津古籍出版社

1986年5月版）等。李学勤先生的《东周与秦代文明》一书（文物出版社1984年6月版），第二十六章"简牍"以及第二十八章"文字"，其实是对于当时战国时期和秦代简牍资料的最新认识的科学总结。

近年几部较有价值的简牍字书的问世，如陆锡兴编《汉代简牍草字编》（上海书画出版社1989年12月版），陈建贡、徐敏编《简牍帛书字典》（上海书画出版社1991年12月版），陈振裕、刘信芳编《睡虎地秦简文字编》（湖北人民出版社1993年12月版），张守中编《睡虎地秦简文字编》（文物出版社1994年2月版）等，都可以为简牍研究提供一定的方便。

李学勤先生任主编，林剑鸣、谢桂华先生任副主编的《简帛研究》第1辑和第2辑由法律出版社出版，第3辑由广西教育出版社出版。这样一种专门的简牍研究学刊的出现，无疑有益于进一步推动研究的深入。湖南人民出版社1996年和1998年相继出版的《简帛研究译丛》第1辑、第2辑，其学术价值也得到学界的肯定。

4 海外简牍学

简牍研究是一门国际性的学科。

简牍作为科学研究的对象，其最初的较为集中的发现，是和一些西方学者的探险活动相联系的。

二十世纪五十年代到六十年代，简牍研究较为深入的，则是日本学者。

1951年，日本京都大学人文科学研究所组成了以森鹿三教授为首的"居延汉简研究班"。先后参加研究班的学者，有京都大学人文科学研究所的研究人员贝塚茂树、藤枝晃、天野元之助、日比野丈夫、米田贤次郎、吉田光邦、冈崎敬、伊藤道治、川胜义雄，以及宇都宫清吉、大岛利一、佐藤长、大庭脩、平中苓次、守屋美都雄、布目潮沨、白开平太、平冈武夫、永田英正、町田章，还有伦敦大学的鲁惟一等。

"居延汉简研究班"当时集中了日本简牍研究的精英，后来成立的"木简学会"的骨干力量，这时已经形成。

研究班的研究成果，1953年集中发表于《东洋史研究》第12卷第3号，以《居延汉简研究专集》的形式出版。这一专集中体现出较高学术水准的论文，如森鹿三的《关啬夫王光》、伊藤道治的《汉代居延战线的展开》、日比野丈夫的《汉简所见地名考》、大庭脩的《论汉代的论功升进》、米田贤次郎的《论汉代边境组织——燧的设置》以及川胜义雄的《居延汉简年表》等，其基本思路和研究方法，对从事简牍研究的多数学者都会有启示意义。

除了这部《居延汉简研究专集》之外，这一时期还有许多论文发表于其他学术刊物。这一专集出版之后，简牍研究水平又提高到新的层次。学术影响比较大的论文，有森鹿三的《论居延所见的马》、藤枝晃的《汉简职官表》、大庭脩的《汉代的关所与护照》等。

劳榦先生的《居延汉简图版之部》1957年在台湾

出版之后，日本简牍学者又组织了以森鹿三先生为首的轮流读解会。他们结合简牍的形制、尺度、书体、格式、笔迹等，与文字内容进行综合研究，于是使视野得以进一步开阔，方法得以进一步更新，研究水平也得以进一步提高。森鹿三的《居延出土的王莽简》、大庭脩的《爰书考》、永田英正的《居延汉简集成之一——破城子出土的定期文书》等，都是当时简牍研究的杰作。

云梦睡虎地秦简出土之后，日本简牍学者立即组织了多种形式的"研究会"和"讲读会"，对睡虎地秦简进行有系统有分工的解读和研究。他们通过定期集体活动的形式，首先对秦简的内容进行解读和译注，同时注意及时了解中国学术界秦简研究的进度和水平，在这一基础上，许多日本学者对于秦简以及与其相关的秦史，都提出了富有新意的见解。

森鹿三的《东洋学研究——居延汉简篇》（同朋舍1975年版），西嶋定生的《中国古代帝国的形成与结构》（东京大学出版会1960年版），大庭脩的《秦汉法制史研究》（创文社1982年版；林剑鸣等译，上海人民出版社1991年出版）、《汉简研究》（同朋舍1992年版），永田英正的《居延汉简研究》（同朋舍1989年版），以及堀毅的《秦汉法制史论考》（于敏等译，法律出版社1988年版）等，都是以简牍研究为基础而完成的具有较高学术水准的历史学专著。

英国学者鲁惟一所著《汉代行政记录》（剑桥大学出版社1967年版），以及荷兰学者何四维的《秦律遗文》(《Remnants of Ch'in Law》,1985 年版),也是简牍学研究的名著。

日本学者大庭脩教授在进行简牍学专门研究的同时,还努力致力于简牍学的普及。他所编写的《木简》和《木简学入门》两部书,在日本相当广泛的社会层面受到普遍的欢迎。

海外学者从事简牍学研究的成果,受到了国内简牍研究工作者的重视。为介绍这些成果,中国社会科学院历史研究所战国秦汉研究室编辑的《简牍研究译丛》第一辑和第二辑,先后于 1983 年和 1987 年由中国社会科学出版社出版。第一辑收入译文 13 篇,第二辑收入译文 16 篇。

台湾学者在劳榦先生之后,仍然不断有简牍研究的新成果发表。以马先醒先生等简牍学者组成的简牍学会,为简牍研究的深入进行了坚持不懈的努力。简牍学会主编刊行的《简牍学报》截至 1994 年底已经出版了 15 期。1993 年,台北兰台出版社又出版了《国际简牍学会会刊》第 1 号。

台湾出版的学术影响比较显著的简牍研究专著,有劳榦的《劳榦学术论文集甲编》上、下册(艺文印书馆 1976 年版),马先醒的《汉简与汉代城市》(简牍学社 1976 年版)以及《简牍论集》(简牍学社 1977 年版),张春树的《汉代边疆史论集》(食货出版社有限公司 1977 年 4 月版)等。

仅以 1993 年一年中的正式出版物为例,我们就可以看到余宗发著《云梦秦简中思想与制度钩摭》(文津出版社），傅荣珂著《睡虎地秦简刑律研究》（商鼎文化出版社），徐富昌著《睡虎地秦简研究》（文史哲出版社），张光裕、袁国华编《包山楚简文字编》（艺文印书馆股份有限公司）等多种简牍学研究的成果问世，足见台湾学术界以及出版界对简牍研究的重视。

后 记

简牍,是一种文书样式,同时体现出历史上的一种文化形态。

简牍,是曾经通行的一种信息载体,同时又代表着文化演进的一个历史过程。

意大利、英国、瑞士等地罗马帝国时代的遗址曾经出土简牍。日本和韩国也有数量较多的简牍资料发现。但是如中国这样保留文化内涵如此丰富的简牍遗存,具有学术基础如此深厚的研究条件,实在是在文明史的历程中曾经长期居于优势地位的迹象之一。中国的传世文献浩如烟海,出土的简牍资料印证着古书的内容,又充实和丰富了古书的记载。

中国的简牍学研究者当然应当努力钻研,不断推出新的高水平的研究成果,以无愧于如此丰厚的文化遗产。

用简明的笔调写清楚简牍应用和简牍研究的历史,是一件相当困难的事。

笔者在简牍研究的队伍中,是识见浅薄的后学。当初受谢桂华先生委托承担这本书的写作任务时,内心难免不安。仰对这门宏大精深的学问，个人学力不逮，正如居延汉简所见汉代人习用语所谓"不事用"、"不任事"、"不鲜明"。

本书能够完成，幸而有前辈学者的大作可以学习，有诸位师长与学友可以请教。记得最初涉足简牍研究，得林剑鸣教授和谢桂华研究员指导。他们推进中国简牍学的艰苦努力，至今令人缅怀。

谨此感谢北京师范大学何兹全教授、中国社会科学院历史研究所林甘泉研究员、北京大学田余庆教授、清华大学李学勤教授、复旦大学裘锡圭教授等先生的教诲！

感谢北京大学李零教授、清华大学赵平安教授、沈建华教授、武汉大学陈伟教授、李天虹教授、彰化师范大学陈文豪教授、湖南大学陈松长教授、首都师范大学刘乐贤教授、复旦大学刘钊教授、中国文化遗产研究院胡平生研究员、李均明研究员、刘绍刚研究员、中央研究院历史语言研究所邢义田研究员、中国政法大学徐世虹教授、四川省文物考古研究院高大伦教授、甘肃省考古研究所张德芳教授、山西大学赵瑞民教授、中山大学刘昭瑞教授、中国人民大学孙家洲教授、肇庆学院周苏平教授多年来对我在简牍学研习方面的诸多帮助！

因学力所限，本书疏误在所难免。笔者真诚地欢迎读者的批评与指教。

虽然本书难以准确地描述简牍出现以至于消亡的历史，难以科学地说明简牍在文化史进程中的重要作用，难以全面地概括简牍学研究的状况，但是如果能够使关心简牍学研究的读者由此得到点滴的借益，则笔者亦以为幸甚！

本书中国大百科全书出版社2000年1月出版，距今已时隔11年多。此次社会科学文献出版社再版，请中国人民大学国学院赵宠亮补写了关于初版书稿完成后新发表简牍资料和简牍学研究主要成果的信息。原书一些明显的错误阙失，也予以补正。

近年来，若干高校相继收藏保护了一些因盗掘、走私而流散的战国秦汉简牍资料。对于这种称作"购藏"的方式是否从根本上有利于文物的保护，还存在不同意见。但是我们看到，因这种形式推进的简牍研究，确实走上了新的阶梯。清华大学、北京大学、湖南大学等高等学校通过对这些资料的保护、整理、研究，提升了简牍学的水准。一些攻读硕士学位研究生和攻读博士学位研究生在导师指导下直接参与整理，保证了工作效率，也有利于学术新人的成长。这一情形与复旦大学、武汉大学、西北师范大学等院校简牍学研究的相继兴起，改变了以往简牍学学术力量多集中于若干专门研究机构和考古部门的状况，显现出这一学科的新的生机。就我所知，数年来，北京大学、北京师范大学、中国人民大学以及中国文化遗产研究院都先后有读简班活动，青年学生踊跃参与，包括中国社会科学院历史研究所的老师们亦热心参与指导，形成了很好的学术气氛，我们因此可以乐观地预见简牍研究的学术前景。看到一批又一批简牍学新生力量的成长，是我们最高兴的事情。

本书增订面世，承社会科学文献出版社高世瑜、黄丹等朋友们付出很多心力，谨此亦深心致谢。

王子今
2011年雨水、惊蛰之间
于香港科技大学人文学院

参考书目

1. 林剑鸣：《简牍概述》，陕西人民出版社，1984。
2. 高敏：《简牍研究入门》，广西人民出版社，1989。
3. 郑有国：《中国简牍学综论》，华东师范大学出版社，1989。
4. 钱存训：《印刷发明前的中国书和文字记录》（原名《书于竹帛》），印刷工业出版社，1988。
5. 薛英群：《居延汉简通论》，甘肃教育出版社，1991。
6. 中华书局编辑部编《云梦秦简研究》，中华书局，1981。
7. 甘肃省文物考古队、甘肃省博物馆编《汉简研究文集》甘肃人民出版社，1984。
8. 甘肃省文物考古研究所编《秦汉简牍论文集》，甘肃人民出版社，1989。
9. 中国社会科学院历史研究所战国秦汉史研究室编《简牍研究译丛》第一辑，中国社会科学出版社，1983。
10. 中国社会科学院历史研究所战国秦汉史研究室编

《简牍研究译丛》第二辑,中国社会科学出版社,1987。

《中国史话》总目录

系列名	序号	书名	作者	
物质文明系列（10种）	1	农业科技史话	李根蟠	
	2	水利史话	郭松义	
	3	蚕桑丝绸史话	刘克祥	
	4	棉麻纺织史话	刘克祥	
	5	火器史话	王育成	
	6	造纸史话	张大伟	曹江红
	7	印刷史话	罗仲辉	
	8	矿冶史话	唐际根	
	9	医学史话	朱建平	黄 健
	10	计量史话	关增建	
物化历史系列（28种）	11	长江史话	卫家雄	华林甫
	12	黄河史话	辛德勇	
	13	运河史话	付崇兰	
	14	长城史话	叶小燕	
	15	城市史话	付崇兰	
	16	七大古都史话	李遇春	陈良伟
	17	民居建筑史话	白云翔	
	18	宫殿建筑史话	杨鸿勋	
	19	故宫史话	姜舜源	
	20	园林史话	杨鸿勋	
	21	圆明园史话	吴伯娅	
	22	石窟寺史话	常 青	
	23	古塔史话	刘祚臣	
	24	寺观史话	陈可畏	
	25	陵寝史话	刘庆柱	李毓芳
	26	敦煌史话	杨宝玉	
	27	孔庙史话	曲英杰	
	28	甲骨文史话	张利军	
	29	金文史话	杜 勇	周宝宏

系列名	序号	书名	作者
物化历史系列（28种）	30	石器史话	李宗山
	31	石刻史话	赵 超
	32	古玉史话	卢兆荫
	33	青铜器史话	曹淑琴　殷玮璋
	34	简牍史话	王子今　赵宠亮
	35	陶瓷史话	谢端琚　马文宽
	36	玻璃器史话	安家瑶
	37	家具史话	李宗山
	38	文房四宝史话	李雪梅　安久亮
制度、名物与史事沿革系列（20种）	39	中国早期国家史话	王 和
	40	中华民族史话	陈琳国　陈 群
	41	官制史话	谢保成
	42	宰相史话	刘晖春
	43	监察史话	王 正
	44	科举史话	李尚英
	45	状元史话	宋元强
	46	学校史话	樊克政
	47	书院史话	樊克政
	48	赋役制度史话	徐东升
	49	军制史话	刘昭祥　王晓卫
	50	兵器史话	杨 毅　杨 泓
	51	名战史话	黄朴民
	52	屯田史话	张印栋
	53	商业史话	吴 慧
	54	货币史话	刘精诚　李祖德
	55	宫廷政治史话	任士英
	56	变法史话	王子今
	57	和亲史话	宋 超
	58	海疆开发史话	安 京

系列名	序号	书名	作者
交通与交流系列（13种）	59	丝绸之路史话	孟凡人
	60	海上丝路史话	杜 瑜
	61	漕运史话	江太新 苏金玉
	62	驿道史话	王子今
	63	旅行史话	黄石林
	64	航海史话	王 杰 李宝民 王 莉
	65	交通工具史话	郑若葵
	66	中西交流史话	张国刚
	67	满汉文化交流史话	定宜庄
	68	汉藏文化交流史话	刘 忠
	69	蒙藏文化交流史话	丁守璞 杨恩洪
	70	中日文化交流史话	冯佐哲
	71	中国阿拉伯文化交流史话	宋 岘
思想学术系列（21种）	72	文明起源史话	杜金鹏 焦天龙
	73	汉字史话	郭小武
	74	天文学史话	冯 时
	75	地理学史话	杜 瑜
	76	儒家史话	孙开泰
	77	法家史话	孙开泰
	78	兵家史话	王晓卫
	79	玄学史话	张齐明
	80	道教史话	王 卡
	81	佛教史话	魏道儒
	82	中国基督教史话	王美秀
	83	民间信仰史话	侯 杰
	84	训诂学史话	周信炎
	85	帛书史话	陈松长
	86	四书五经史话	黄鸿春

系列名	序号	书名	作者	
思想学术系列（21种）	87	史学史话	谢保成	
	88	哲学史话	谷 方	
	89	方志史话	卫家雄	
	90	考古学史话	朱乃诚	
	91	物理学史话	王 冰	
	92	地图史话	朱玲玲	
文学艺术系列（8种）	93	书法史话	朱守道	
	94	绘画史话	李福顺	
	95	诗歌史话	陶文鹏	
	96	散文史话	郑永晓	
	97	音韵史话	张惠英	
	98	戏曲史话	王卫民	
	99	小说史话	周中明	吴家荣
	100	杂技史话	崔乐泉	
社会风俗系列（13种）	101	宗族史话	冯尔康	阎爱民
	102	家庭史话	张国刚	
	103	婚姻史话	张 涛	项永琴
	104	礼俗史话	王贵民	
	105	节俗史话	韩养民	郭兴文
	106	饮食史话	王仁湘	
	107	饮茶史话	王仁湘	杨焕新
	108	饮酒史话	袁立泽	
	109	服饰史话	赵连赏	
	110	体育史话	崔乐泉	
	111	养生史话	罗时铭	
	112	收藏史话	李雪梅	
	113	丧葬史话	张捷夫	

系列名	序号	书名	作者	
近代政治史系列（28种）	114	鸦片战争史话	朱谐汉	
	115	太平天国史话	张远鹏	
	116	洋务运动史话	丁贤俊	
	117	甲午战争史话	寇伟	
	118	戊戌维新运动史话	刘悦斌	
	119	义和团史话	卞修跃	
	120	辛亥革命史话	张海鹏	邓红洲
	121	五四运动史话	常丕军	
	122	北洋政府史话	潘荣	魏又行
	123	国民政府史话	郑则民	
	124	十年内战史话	贾维	
	125	中华苏维埃史话	杨丽琼	刘强
	126	西安事变史话	李义彬	
	127	抗日战争史话	荣维木	
	128	陕甘宁边区政府史话	刘东社	刘全娥
	129	解放战争史话	朱宗震	汪朝光
	130	革命根据地史话	马洪武	王明生
	131	中国人民解放军史话	荣维木	
	132	宪政史话	徐辉琪	付建成
	133	工人运动史话	唐玉良	高爱娣
	134	农民运动史话	方之光	龚云
	135	青年运动史话	郭贵儒	
	136	妇女运动史话	刘红	刘光永
	137	土地改革史话	董志凯	陈廷煊
	138	买办史话	潘君祥	顾柏荣
	139	四大家族史话	江绍贞	
	140	汪伪政权史话	闻少华	
	141	伪满洲国史话	齐福霖	

系列名	序号	书名	作者
近代经济生活系列（17种）	142	人口史话	姜涛
	143	禁烟史话	王宏斌
	144	海关史话	陈霞飞 蔡渭洲
	145	铁路史话	龚云
	146	矿业史话	纪辛
	147	航运史话	张后铨
	148	邮政史话	修晓波
	149	金融史话	陈争平
	150	通货膨胀史话	郑起东
	151	外债史话	陈争平
	152	商会史话	虞和平
	153	农业改进史话	章楷
	154	民族工业发展史话	徐建生
	155	灾荒史话	刘仰东 夏明方
	156	流民史话	池子华
	157	秘密社会史话	刘才赋
	158	旗人史话	刘小萌
近代中外关系系列（13种）	159	西洋器物传入中国史话	隋元芬
	160	中外不平等条约史话	李育民
	161	开埠史话	杜语
	162	教案史话	夏春涛
	163	中英关系史话	孙庆
	164	中法关系史话	葛夫平
	165	中德关系史话	杜继东
	166	中日关系史话	王建朗
	167	中美关系史话	陶文钊
	168	中俄关系史话	薛衔天
	169	中苏关系史话	黄纪莲
	170	华侨史话	陈民 任贵祥
	171	华工史话	董丛林

系列名	序号	书名	作者
近代精神文化系列（18种）	172	政治思想史话	朱志敏
	173	伦理道德史话	马 勇
	174	启蒙思潮史话	彭平一
	175	三民主义史话	贺 渊
	176	社会主义思潮史话	张 武　张艳国　喻承久
	177	无政府主义思潮史话	汤庭芬
	178	教育史话	朱从兵
	179	大学史话	金以林
	180	留学史话	刘志强　张学继
	181	法制史话	李 力
	182	报刊史话	李仲明
	183	出版史话	刘俐娜
	184	科学技术史话	姜 超
	185	翻译史话	王晓丹
	186	美术史话	龚产兴
	187	音乐史话	梁茂春
	188	电影史话	孙立峰
	189	话剧史话	梁淑安
近代区域文化系列（十一种）	190	北京史话	果鸿孝
	191	上海史话	马学强　宋钻友
	192	天津史话	罗澍伟
	193	广州史话	张 苹　张 磊
	194	武汉史话	皮明庥　郑自来
	195	重庆史话	隗瀛涛　沈松平
	196	新疆史话	王建民
	197	西藏史话	徐志民
	198	香港史话	刘蜀永
	199	澳门史话	邓开颂　陆晓敏　杨仁飞
	200	台湾史话	程朝云

《中国史话》主要编辑出版发行人

总　策　划	谢寿光	王　正	
执行策划	杨　群	徐思彦	宋月华
	梁艳玲	刘晖春	张国春
统　　筹	黄　丹	宋淑洁	
设计总监	孙元明		
市场推广	蔡继辉	刘德顺	李丽丽
责任印制	岳　阳		